全国教育科学"十一五"规划教育部青年课题

「实然」的声音
——对外汉语教师课堂交际研究

王添淼 著

图书在版编目（CIP）数据

"实然"的声音：对外汉语教师课堂交际研究 / 王添淼著.
— 北京：北京语言大学出版社，2014.6
ISBN 978-7-5619-3832-4

Ⅰ.①实… Ⅱ.①王… Ⅲ.①汉语—对外汉语教学—课堂教学—教学研究 Ⅳ.①H195.3

中国版本图书馆 CIP 数据核字（2014）第 111193 号

书　　　名：	"实然"的声音——对外汉语教师课堂交际研究 "SHIRAN" DE SHENGYIN——DUIWAI HANYU JIAOSHI KETANG JIAOJI YANJIU
责任编辑：	王亚莉　纪　成
责任印制：	姜正周
出版发行：	北京语言大学出版社
社　　　址：	北京市海淀区学院路 15 号　　邮政编码：100083
网　　　址：	www.blcup.com
编　辑　部：	010-8230 3647/3592/3395
国内发行：	010-8230 3650/3591/3648
海外发行：	010-8230 0309/3365/3080
读者服务部：	010-8230 3653
网上订购：	010-8230 3908　　service@blcup.com
印　　　刷：	北京京华虎彩印刷有限公司
经　　　销：	全国新华书店
版　　　次：	2014 年 6 月第 1 版　　2014 年 6 月第 1 次印刷
开　　　本：	787 毫米 × 1092 毫米　1/16　印张：11.25
字　　　数：	194 千字
书　　　号：	ISBN 978-7-5619-3832-4 / H·14096
定　　　价：	36.00 元

凡有印装质量问题，本社负责调换。电话：010-82303590

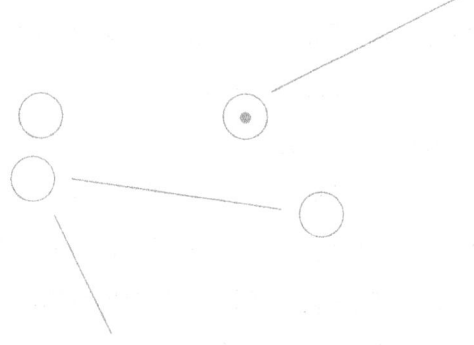

前　言

　　随着中国国际化进程的加快以及国际影响力的不断提升，汉语走向世界已成为一种必然的趋势。国际汉语教学不仅是国际间语言和文化交流的一项事业，更是一门国际性的语言教育学科。事业的发展无疑需要有学科建设成果的支撑，而培养和造就一支高水平的国际汉语教师队伍即是学科建设中一项带有战略性的任务。因此，在汉语加快其国际化步伐的当下，研究国际汉语教师的专业发展已然成为一项前沿性的课题。在这样一种背景下，本书以对外汉语教师的课堂交际活动为研究对象，试图全面考察和研究教师课堂交际行为的方方面面，借以明晰课堂交际的内涵、理念、方法和策略，进而提升教师的跨文化交际能力和课堂教学能力，提高课堂教学的效益。

　　选择这一课题主要基于以下诸方面的考量：（1）一切外语或第二语言教学的理论和方法都应在课堂教学中得以体现，课堂教学是语言教学的中心环节。（2）教师是影响教学过程及其得失的关键因素，汉语教师的知识、能力和素养直接影响汉语教学的质量和效益。（3）由于历史的原因和跨学科的学科属性，海内外汉语教师的专业背景多样化，不少从业教师缺乏课堂教学的专业培训，缺乏跨文化交际的经验和技能。（4）迄今专门而系统性的课堂教学研究，特别是基于教师视角的课堂交际研究的成果还不多见。（5）以往对教师的研究多是"应然性"的研究，即教师应该如何的研究；基于课堂教学实际的"实然性"研究，即教师实际是怎样操作的研究成果不多。而"实然性"研究更能贴近教师课堂教学行为的实际，在此基础上才可能发现和找到提升教师课堂交际能力的某些关键因素。（6）师生的课堂交际既是一种课堂教学的基本形态，也是培养和提高学生目的语交际能力的基本途径。因为培养学生目的语的跨文化交际能力是外语或第二语言教学的根本目的，而交际能力是在交际和交际训练的过程中逐步获得的。（7）就国内的对外汉语教学而言，课堂本身就是一种多元文化构成的汉语学习群体，教师如何在这样一种课堂环境里开展"交际活动"，本身就颇值得观察和研究。（8）教师研究是近年来海内外教育学界和第二语言教学界的主流和前沿性课题，相关的研究成果可以为我们提供有益的参考和借鉴。

基于以上考虑，本书以交往行为理论、跨文化交际理论和建构主义理论为基础，运用质化研究方法，从对外汉语教师课堂交际的真实情境出发，通过对不同年龄、职称和不同课型的对外汉语教师课堂交际进行实地考察和案例性分析，以课堂师生交际的实况为研究的主要内容，系统地探讨了对外汉语教师语言交际、非语言交际和跨文化交际的策略、方法和技巧，并努力使我们的考察、分析和讨论着眼于课堂又服务于课堂教学，围绕着教师但不限于教师，基于交际但不囿于交际，而是更多地关注教师的专业发展。

需要强调的是：其一，本书虽是从教师的视角出发，但同时关注课堂交际的另一交际主体——学生的体验，从学生的角度去理解教师的课堂交际。其二，基于对外汉语教学这一学科的特点，本书特别关注跨文化背景下的师生课堂交际，以突显跨文化交际的特点和要求，借以增强教师跨文化交际的意识和能力。其三，本书摒弃了以往对教师课堂交际的"应然性"研究范式，以"实然性"的教师课堂交际为取向，秉承"从实践中来，到实践中去"的理念，更加强调"了解自己，才能超越自己"。其四，本书虽着眼于国内的对外汉语教学，观察和研究的主要是国内对外汉语教师的课堂交际问题，但我们相信本书所涉及和讨论的问题，对在海外从事汉语教学的教师亦应有参考价值。因为无论是在国内还是在海外，课堂教学的语言交际、非语言交际和跨文化交际的基本属性、基本理念和基本方法是一致的，教师自身专业发展的许多要求是一致的。

最后，我们想说的是：如果本书的相关内容能够为海内外汉语教师课堂交际能力的提高提供某些理论依据和方法指导，能够促使业内一些同行有意识地改进和完善课堂交际方式，提高课堂教学能力和教学效益，促进自身的专业发展，则是我们最大的愿望。进一步说，如果本书的考察及所构建的框架能够为对外汉语教师课堂交际理论的形成提供一个参考框架，相关论述能够引起海内外同行对教师课堂交际问题的关注和讨论，从而促进和丰富对外汉语教学的学科建设成果，则亦是我们的期待所在。当然，本书如果能得到海内外前辈和时贤的指教，进一步促使我们深化对教师课堂交际问题的思考和研究，则更是我们的诚意期盼。

目 录

/// 第一章　对外汉语教师课堂交际研究概述 / 1

// 第一节　概念界定 / 1

一、课堂交际 / 1

二、跨文化课堂交际 / 4

// 第二节　对外汉语教师课堂交际研究的重要意义 / 4

一、对外汉语教师课堂交际研究的理论意义 / 5

二、对外汉语教师课堂交际研究的实践意义 / 7

// 第三节　对外汉语教师课堂交际相关问题研究 / 9

一、课堂交际研究 / 9

二、第二语言课堂交际研究 / 14

三、对外汉语课堂交际研究 / 18

四、既有研究简评 / 19

// 第四节　对外汉语教师课堂交际研究的独特进路 / 21

一、本书研究的主要问题 / 21

二、本书研究的基本方法及研究对象 / 23

三、本书研究内容及研究意义 / 33

// 小结 / 35

/// 第二章　对外汉语教师课堂交际研究理论探析 / 37

// 第一节　交往行为理论与对外汉语教师课堂交际研究 / 37

// 第二节　跨文化交际理论与对外汉语教师课堂交际研究 / 39

// 第三节　建构主义理论与对外汉语教师课堂交际研究 / 41

// 小结 / 43

/// 第三章　语言交际：课堂的有声世界 / 45

// 第一节　"活跃思维"：教师的提问 / 46
　　一、问题类型 / 46
　　二、问题难易度 / 51
　　三、一成不变的问答方式 / 54
　　四、被遗忘的候答时间 / 56
　　五、多多益善 / 57
　　六、机会均等 / 59
　　七、有备而来 / 60

// 第二节　"截然不同"：特殊的调适语 / 62
　　一、"纯真"的意思是"纯洁真挚" / 63
　　二、不断重复的老师 / 64

// 第三节　"循循善诱"：引导的方式 / 66
　　一、倾听式的引导 / 67
　　二、权威式的引导 / 69

// 第四节　"走进心灵"：教师的评价 / 71
　　一、"不对"、"不行"：消极的评价 / 71
　　二、"很好"、"太棒了"：积极的评价 / 75

// 小结 / 78

/// 第四章　非语言交际：此时无声胜有声 / 80

// 第一节　"润物细无声"：教师的体态语 / 82
　　一、"smiling teacher" / 84
　　二、"单调"与"丰富" / 85
　　三、"困惑"与"理解" / 90
　　四、孰"难"孰"易" / 92
　　五、体态语在对外汉语不同教学环节中的作用 / 93

// 第二节　"弦外之音"：非语词的声音信号 / 103
　　一、抑扬顿挫——"把文字读活" / 104
　　二、咳声、掌声、笑声——"无言的表达" / 108

// 第三节 "衣服也会说话"：服饰的作用 / 109
　　一、"第一印象" / 110
　　二、服饰与教学 / 111
　　三、服饰与文化 / 113
// 第四节 "小物件大作用"：随身用品 / 114
　　一、宋老师的"宝物包" / 115
　　二、"请大声说"的纸扇 / 116
　　三、一种颜色的白板笔 / 117
// 第五节 "交往无障碍"：空间信息 / 118
　　一、"精心"的座位排列 / 119
　　二、讲台前后 / 120
　　三、中国化的环境 / 122
// 小结 / 123

/// 第五章　对话与理解：多元文化背景下的交往 / 125
// 第一节　多元文化背景下的教师课堂语言交际 / 126
　　一、师道尊严的坚守 / 126
　　二、偏见与偏爱 / 128
　　三、民族中心主义的倾向 / 130
　　四、"没话找话"的中国人 / 131
　　五、批评与被批评 / 132
　　六、"好为人师"的中国教师 / 134
　　七、中介语的理解力和猜想力 / 136
// 第二节　多元文化背景下的教师课堂非语言交际 / 137
　　一、师生非语言交际的冲突 / 138
　　二、师生非语言交际的共通 / 140
　　三、师生非语言交际的理解 / 143
// 小结 / 147

/// **第六章 专业成长：教师有效课堂交际策略** / 148

// 第一节 认识自我 / 148

// 第二节 语言交际与非语言交际的融汇与综合 / 151

// 第三节 心理相容 / 155

// 第四节 反思自我 / 156

// 小结 / 159

/// 结 语 / 160

/// **参考文献** / 163

/// 后 记 / 170

第一章　对外汉语教师课堂交际研究概述

课堂是对外汉语教师与留学生最基本的交流渠道，这一渠道是否畅通，是否有效，直接影响着教师的教学质量，也决定着学生汉语水平的高低。对外汉语教学的课堂中充满着各种师生间的交际情境——学生的提问、教师的解答，学生的回答、教师的点评，教师的热情投入、学生的积极参与，甚至于教师说话的语气、速度、教师的表情、手势等等，构成了斑斓绚丽的课堂生活。"从理论上来说，强调教师的课堂交际意识，是因为第二语言教学的根本目的就是培养学生目的语的交际能力，而交际能力是在交际和交际训练的过程中逐步获得的。培养和训练学生的交际意识和交际能力是课堂教学的核心任务"。[1] 课堂交际是对外汉语课堂教学中司空见惯的现象，以至于我们有时会自然而然地将其忽视。但是当我们把目光聚焦于此时，却发现这是一个值得深入研究的问题，它看似简单，实则又极其复杂，需要我们去探索、去发现、去研究。通过梳理学术界已有关于课堂交际和对外汉语教师课堂交际的研究，本书提出了进行对外汉语教师课堂交际研究的独特进路，具有较大的理论意义和现实价值。

第一节　概念界定

一、课堂交际

交际（communication）在不同的学科领域，有着不同的表述形式和研究重点。[2] 但对其内涵的认识基本上是一致的：交际是指人与人之间（包括个体与个

---

[1] 李泉. 对外汉语课堂教学的理论思考 [J]. 中国人民大学学报, 1996, (5): 89.
[2] 在社会学研究领域，交际通常由"社会交往"所代替，与"互动"（interaction）或"人际互动"同义，指的是人与人之间的心理交互作用或行为的相互影响，是一个人的行为引起另一个人的行为或改变其价值观的过程。（章人英主编. 社会学词典 [M]. 上海: 上海辞书出版社, 1992.）心理学界认为交际就是交往，"communication"多译为"沟通"，把交际定义为社会中人与人之间的联系过程，即人与人之间传递信息、交流思想和交流情感的过程。（全国十三所高校《社会心理学》编写组. 社会心理学 [M]. 天津: 南开大学出版社, 1990.）教育社会学认为交际的实质是交流传递。狭义的交际指以符号、记号为

体之间、个体与群体之间以及群体与群体之间）的相互往来、接触，是通过语言文字、身体动作或信号将思想、情感或信息传达给对方的过程。[3]

根据对交际内涵的界定，从交际时所使用符号的角度，交际可分为语言交际（verbal communication）和非语言交际（non-verbal communication）。[4]语言作为一种客体化的交际方式，是人类最重要的交际工具和思维工具。研究者对非语言交际的内涵进行了讨论，认为非语言交际或非语言行为的内涵有广义和狭义之分。广义的非语言交际包括除语言交际以外的所有交际性行为。狭义的非语言交际应包括哪些内容，研究者们各有不同的理解。[5]大多数人所采用的是卡克·W·贝克在《语言与交际》一书中的分类。他将体态语分为无声的动姿、无声的静姿和有声的辅助语言。无声的动姿指动态无声的交际，主要包括点头、姿势、面部表情、手势，以及拍打、拥抱等身体接触方式和眼神的运用；无声的静姿即静态无声的交际，包括人类静止无声的姿态（站姿、坐姿、卧姿等）和人际空间距离；有声的辅助语言，主要是指类语言和副语言。[6]

本文有关交际的研究属于教育交际的研究范畴，所谓"教育交际"就是教育情境中教师和学生使用言语或非言语的形式进行交际的一种特殊形态，是教育教学过程与交际行为使用过程的一种"特殊合金"。[7]本书的课堂交际是教育交

　　媒介实现的社会行为的交互作用，即人们在互动过程中通过某种途径或方式将信息传递给接受信息的人。广义的交际则是指人类整体的社会互动过程，在这一过程中人们不仅交换观念、思想、知识、情绪等信息，而且交换相互作用的个体全部社会行为。交际的本质是人们之间的信息传递与交流。信息的交流在于符号，在符号互动意义上实现交际。所以，符号互动论者常将"互动"与"交际"通用。（缪建东. 家庭教育社会学 [M]. 南京：南京师范大学出版社，2000.）.

3　余珍有. 教师的交际行为研究——幼儿园教师语言的语用学分析 [M]. 南京：南京师范大学出版社，2004.

4　林大津. 跨文化交际研究 [M]. 福州：福建人民出版社，1996.

5　一种理解认为非语言交际包括三方面内容："体距学"或"体位学"（proxemics），研究交际者如何用身体之间的距离传达信息；"体势学"（kinesics）或"身势语"、"体态语"（body language），涉及身体各部分的动作，如面部表情、手势、姿势、眼神（目光接触）等；"副语言"或"伴随语言"（paralanguage），指超出语言分析范围的附加现象。（林大津. 跨文化交际研究 [M]. 福州：福建人民出版社，1996.）还有一些学者将非语言交际的范围定得更广，包括"主观手段"和"客观手段"，其中"主观手段"如上所述，指信息传递者用自身的器官传达信息；"客观手段"指人们借助身外之物——器具、工具、物品等来传递信息，例如擂鼓助威、红绿灯示意交通、披麻戴孝表示悲痛等。（转引自胡文仲，高一虹. 外语教学与文化 [M]. 长沙：湖南教育出版社，1997.）

6　转引自王枬等. 教师印迹：课堂生活的叙事研究 [M]. 北京：教育科学出版社，2008.

7　转引自钟启泉. 学科教学论基础 [M]. 上海：华东师范大学出版社，2001.

际过程中最重要的一部分，是将教育交际具体到课堂这一特定情境中的交际。相对于其他领域对交际的界定，本研究的课堂交际有其自身的特征。

第一，交际目的不同。对外汉语教师的课堂交际与朋友或是与陌生人求助等交际有着本质的区别。对外汉语教师课堂交际以留学生汉语学习和身心发展为目的；而其他领域的交际行为多是信息和经验的交流，虽然有时也具有培养人的功能，但远没有课堂交际的目标这样明确。

第二，交际主体不同。与其他交际不同的是，对外汉语教师课堂交际的主体是教师和学生，二者在交际过程中的地位具有明显的不对称性。教师处于一种绝对的优势地位，而学生则处于劣势；同时教师还被赋予一定的社会职责，成为传递汉语知识和中国文化信息的媒介，有时还会成为学生的道德楷模。

第三，交际情境不同。一般的交际情境具有很大的随意性，而课堂交际的场所限定于课堂之中，而且交际情境大多是对外汉语教师精心设计的，即使不是教师事先设计的，在交际过程中，教师也会利用此时此地（here and now）具体的人、物、环境等情境，根据以往交际的状况（如以往交际中对双方的认识、期望、情感和人际关系状况等）选择合适的交际行为模式，使交际有利于知识的传播，促进学生的汉语学习和身心发展。

第四，交际内容不同。课堂交际的产生是基于传递前人积累的知识经验的需要，因此，对外汉语教师课堂交际的主要内容是传递汉语知识和中国文化。

对外汉语教师课堂交际的完成不仅要借助语言交际，包括教师的提问语；调适语，即教师为了适合学生汉语水平、便于学生对教师语言的理解所使用的、与日常汉语表达习惯有所差异的特殊的对外汉语教师课堂用语；引导语，即教师引导学生积极参与课堂交际活动的语言；评价语，分为对学生汉语学习动机具有积极作用和消极作用的两种评价方式。对外汉语教师的课堂交际也要借助非语言交际，包括教师的体态语；非语词声音（也可称为"副语言"），即语言的伴随性声音，主要是对外汉语教师语言的非声音方面，包括音高、音强、音长和音色，以及教师的笑声、掌声、咳嗽声等；教师服饰；有助于教学的随身用品和空间信息。

所以，本书的课堂交际是指对外汉语教师与留学生课堂教学中分享信息、思想和情感的交际过程。在对外汉语课堂交际的过程中，教师和学生通过有效语言和其他方式，在课堂情境中进行信息传递、相互对话（含批判性思维）、意义理解和建构，形成互识或达成共识，从而实现师生间的课堂互动，达成各种语言交际技能训练的目标，实现良好的教学效果。

二、跨文化课堂交际

我国著名学者林大津认为，跨文化交际（intercultural communication）就是行为源与反应者来自不同的文化背景。[1] 胡文仲认为，跨文化交际就是交际双方来自不同的文化背景。如果下定义的话，可界定为"具有不同文化背景的人从事交际的过程就是跨文化交际"。[2]

对于跨文化交际这个概念的争议主要在于对"不同文化背景"的理解，有人认为每个人在文化上都是独特的，所以任何两个人之间的交际都是跨文化交际。但在本研究中，笔者将"不同的文化背景"限定为不同的国别，因为大体而言，每一个国家都有其主流的文化，而生活于其中的个体在相当大的程度上是受到这种主流文化的影响的。

本书跨文化课堂交际是指对外汉语教师在课堂教学中和来自世界各国的、文化背景各异的汉语学习者之间的交际过程。

第二节 对外汉语教师课堂交际研究的重要意义

对外汉语教师应该"具有课堂教学的交际意识。语言教学的课堂是师生双边活动的场所，教学活动应由师生共同完成。课堂上教师时刻要有'调动学生进行语言活动'的意识，这种意识越明确、越强烈，学生的活动机会就可能越多。因此，教师要在想方设法使课堂变成一种交际场所，在使学生活动起来上下功夫。否则，课堂就可能成为教师唱'独角戏'的场所，从而偏离了语言教学的根本方向"。[3] 对外汉语教师课堂交际是教师在课堂交际过程中面临不断变化的交际情境

---

1 林大津. 跨文化交际研究 [M]. 福州：福建人民出版社，1996.
2 胡文仲. 跨文化交际学概论 [M]. 北京：外语教学与研究出版社，2007.
3 李泉. 对外汉语课堂教学的理论思考 [J]. 中国人民大学学报，1996，(5)：89.

和学生的不同需求，对自己的交际方式不断地进行相应的调节，以提高学生汉语表达能力为目标的信息分享和传递思想、感情的语言交际、非语言交际和跨文化交际互相交织、互为支持的交际过程。有效的对外汉语教师课堂交际是促进教师专业发展的有效途径，具有情境性、不确定性、反思性和长期性等特征。

一、对外汉语教师课堂交际研究的理论意义

（一）有助于拓展和丰富课堂教学研究的内容

已有的对外汉语课堂教学研究大致可分为三个方面：一方面是课堂教学内容的研究，即分别对汉语语音、语法、词汇、汉字和中国文化等的课堂教学方法和技巧的研究；另一方面是课型的研究，即综合课、口语课、听力课、阅读写作课、报刊课等的课堂教学方法和技巧的研究；第三个方面是宏观性的课堂教学理论、教学原则以及教师的教学语言、提问和互动等的研究。此外，对外汉语教学界有关课堂交际的研究，仅限于在某些研究中提到的课堂交际的重要性，或是在研究中间接地提到课堂交际的某些技巧。本研究拟结合对对外汉语课堂教学的观察和考察，对师生课堂交际与交流进行全面系统的分析，从而为对外汉语课堂教学理论研究提供一个基于交际和交流的新视角的研究和探索，并着重从语言交际、非语言交际和跨文化交际三个方面来探讨对外汉语课堂交际问题。这一研究视角及系统性的考察、评估和分析是以往相关研究中所不多见的。

（二）有助于推进课堂交际"实然"层面上的研究

已有国内课堂交际研究多集中于"应然"层面，即"教师应该如何"的研究上，重点阐释课堂交际在课堂教学中的重要意义，以及不同交际方式的作用何在，主要侧重于思辨和理论的推导，较少关注其"实然"层面，即"课堂交际事实上如何"。尤其是对外汉语课堂交际的研究几乎都是"应然"层面，这是需要和必要的，但仅此还远远不够。事实上，实然性研究更能让我们观察到课堂的实情，从而更能为应然性研究提供有针对性的指导意见。教学实践表明，课堂交际是师生之间、生生之间的双向乃至多项的交流，其中存在很多不确定性，教师需要掌握的不是一成不变的交际技巧，而是如何在了解交际对象的基础上运用恰当和合适的手段实现交际目标，从而提高课堂教学质量。本研究基于课堂、基于实践的研究发现和研究方法，丰富了对外汉语教师课堂交际研究的理论视角和方法视角，为推动对外汉语教学研究走向一条基于实践的道路提供了参考依据。

(三) 有助于验证交往行为理论在课堂交际研究的应用价值

交往行为理论认为"交往行为"植根于我们的"生活世界"。交往的参与者在生活世界中互为主体，交互提出要求，通过共识达成一致，共同构建和谐的"生活世界"。本研究通过对对外汉语教师课堂交际的方式、存在的问题及对教学效果的影响、有效课堂交际策略的研究发现，教师们努力提高自己的交际能力，把课堂由原来教师教授—学生接受、严格的上施下效的场所变成了一个师生交际场所，即师生的"生活世界"。教师和学生在此"生活世界"中互为主体。对外汉语教育（含教学）的对象是学生，学生在教育和课堂交际中占主体地位，教师是课堂交际的组织者、促进者、指导者和监督者。实际上教师"备课"在一定程度上就是"备学生"。教师利用有效的语言和非语言交际方式，以及适当的跨文化交际技巧提高学生的交际欲望，通过教师的引导和促进使学生成为交际的主体。教师和学生在互为主体的过程中相互尊重、平等对话、达成共识，共同营造一个和谐的课堂交际环境，实现提高学生汉语交际能力的对外汉语教学目标，真正理解对外汉语教育的本质，实现教师的专业发展。就此意义而言，对外汉语教师课堂交际的研究也必须关注学生的体验。

(四) 有助于诠释建构主义学习理论在课堂交际研究中的理论意义

对外汉语教师课堂交际过程实际上是知识的建构过程，既是教师课堂交际知识和能力的建构过程，也是学生汉语知识和能力的建构过程。对外汉语教师为了提高学生的汉语交际水平，努力通过各种语言交际和非语言交际方式，为学生们创设一种协作的、平等的、对话式的交际情境，在情境中，教师并不是简单地对学生进行汉语知识和文化的信息输入，让学生存储并提取，而是根据学生的汉语水平和学习经验，通过各种交际方式引导学生，进行新旧知识的对话，充分发挥学生的主观能动性和创造性。学生的汉语知识和文化也正是建构于这种师生间的积极互动之中。同时，这种知识的建构是师生共享的。对外汉语教师在与学生的交际过程中，会发现问题、分析问题、解决问题，不断反思自我，提高课堂交际能力和教学质量。其次，对外汉语教学是一种跨文化背景下的师生交际活动。跨文化交际的能力也是影响教师课堂交际效果的重要因素。跨文化交际的情境性、不确定性更强，跨文化交际知识和能力更需要在情境中去建构。对外汉语教师课堂交际中的情境、协作、会话和意义建构为师生双方共同创设了一个良好的建构主义学习环境。

(五) 有助于更好地深化课堂教学中的跨文化交际研究

通过对对外汉语教师跨文化交际的研究呈现出的对外汉语教师跨文化语言交际和非语言交际中存在的问题以及对教学的影响，对教师跨文化交际能力的提高具有一定的指导意义。教师在进行跨文化交际时，由于客观存在的文化差异，会出现"文化冲突"现象以及教师的某种"文化定势"。本研究根据跨文化交际的"适应理论"（adaptation theory），从动态的角度对个体在异文化中的行为表现进行了分析。在跨文化交际中，一个文化中的个人或群体向另一个文化学习和调整的发展涵化（acculturation）过程是一个长期积累的过程，表现为"压力—调整—前进"这样一个动态的形式。这个过程像一个螺旋式的弹簧，进两步退一步，在压力下逐步向前推进。如果涵化者感到思想压力，他就会后退一步，进入一种减少压力或放松的状态，以应付旧的认知模式的失败。在这个防御性阶段，涵化者重新组织其认知模式和情感，积聚力量向适应方向再进行一次新的尝试。如此螺旋式向前推进，不断地涵化于异文化。个体涵化的快慢程度取决于个体在异文化中人际交流的能力、交流密切程度、与本文化保持社会交流的程度、异文化对外来文化的容纳性，以及个人涵化于异文化的态度、素质、开放性和精神恢复能力。[1] 对外汉语教师和学生都需要一个对异国文化了解和适应的过程。对外汉语教学过程中的跨文化交际问题是经常出现的，而且是难以预料的。教师应创设一个最佳的中国文化的"涵化过程"，使学生能够接受，并乐于融入中国的文化。所以，本研究既为已有的跨文化交际理论提供了佐证，也为对外汉语教师跨文化课堂交际提供了理论借鉴。

二、对外汉语教师课堂交际研究的实践意义

（一）有助于提高教师的课堂交际能力

虽然教师可以通过书本或是专家的讲授学习有关对外汉语课堂交际的技巧，但是最终还是要回归于自己的教学实践，在课堂交际实践中发现自己的问题，理解对外汉语课堂交际的内涵和特征，在实践中提高自己的课堂交际能力，实现专业发展，这才是最根本、最有效的途径。本书呈现和分析了对外汉语教师课堂交

---

1 转引自陈向明. 旅居者和"外国人"——留美中国学生跨文化人际交往研究 [M]. 北京：教育科学出版社，2004；Young Yun Kim, *Interculture Adaptation in Handbook of International and Intercultural Communication* [M]. Molefi Kete Asante & William B. Gudykunst, eds., Beverly Hills, Calif.：Sage，1980.

际方式、存在的问题以及对教学效果的影响，而且在具体研究中针对不同对外汉语教学课型、不同汉语水平的留学生和对外汉语不同教学环节中的应用及策略，能够启发教师更好地理解课堂交际，并对自己的课堂交际和专业发展进行更合理的规划和更有效的实施。

（二）有助于更好地提高课堂教学效益

通过案例性的实然课堂教学交际研究，我们可以看到交际的频率、质量，并从中了解和体认有效、高效的课堂交际对教学的积极作用以及抵消低效乃至无效的课堂交际的意义所在，从而为教师选择和创造恰当、得体、有效、高效的课堂交际提供参考和思考的空间。因此，课堂实然交际和交流的研究，根本上是为了更好地提高跨文化课堂交际的质量和效益。

（三）有助于提升教师的课堂管理能力

对对外汉语教师课堂交际的研究揭示了对外汉语教学具有很强的情境性、复杂性和不确定性。然而，现有的一些对外汉语教师培养和培训大多是在"技术理性"的指导下。"'技术理性'推行的是'研究—开发—应用—推广'的模式"，[1] 研究者生产知识，教师被动接受知识。在这种模式中，最为核心的问题是"什么样的知识对于教学是必要的"，[2] 易言之，教师能够掌握多少知识以及掌握哪些知识是其是否为一名合格教师的基本标准。所以，"技术理性"指导下的对外汉语教师培养和培训囿于"专家—教师"这样一种等级框架，汉语教师在自我发展过程中的能动作用、强烈的改善现实的需要依然是被忽视的，教师成为被教育或被训练的对象和被动的知识接受者。但是，通过对外汉语教师课堂交际研究，我们发现教师掌握一定的课堂交际理论和技能是教师实现有效课堂交际的基础，但是在课堂交际的真实情境中，教师遇到的问题非常复杂，需要特定的办法来解决。事实上，不仅是课堂交际，相对于其他学科而言，对外汉语教学是一门实践性很强的学科。所以，对外汉语教师所要掌握的不仅仅是"教师应该怎么做"的抽象问题，更多的是"我此时此地如何教"的情境性问题。因此，国家汉办和各院校的管理者在规划、实施教师专业发展项目时，应该充分考虑到对外汉语教育的特点和教师专业发展的特点与规律，将理论与实践结合起来，尽可能地发挥教师的主观能动性，引导教师从实践中发展教学能力和扩展教学视野，为教师自我

---

1 陈向明.理论在教师专业发展中的作用[J].北京大学教育评论，2008，（1）：44-45.
2 曲铁华等.教师专业发展与高等师范院校课程改革[J].教育研究，2007，（9）：72.

指导性的专业发展提供必要的物质和政策上的支持,充分调动并保护教师追求专业发展的积极性。对外汉语教师培养和培训应由原来的"技术理性"指导下的模式转变为反思型教师教育模式。

第三节 对外汉语教师课堂交际相关问题研究

笔者从课堂交际研究、第二语言课堂交际研究和对外汉语课堂交际研究这三个方面对相关的国内外文献进行了搜集、整理与分析。通过对这些文献的分析,笔者对现有研究的特征和不足进行了梳理。文献综述结构图如下:

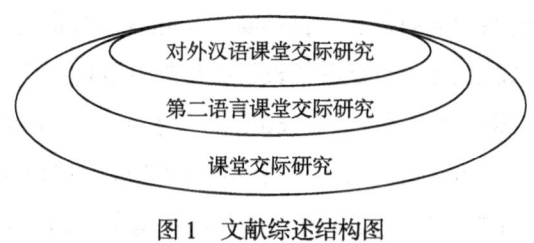

图 1 文献综述结构图

一、课堂交际研究

国内外学者从理论和实证两方面对课堂交际进行了深入的研究,有关课堂交际的研究可分为两大部分:课堂语言交际研究和课堂非语言交际研究。

(一)课堂语言交际研究

国外有关课堂教学中语言交际的研究可以追溯到 20 世纪初期。1912 年,美国的史蒂文斯(Romiett Stevens)运用互动分析法(interaction analysis),通过计算教师"有意义的"问题和答案的实例以及统计教师提出的问题与学生提出的问题的比例等,对师生关系的认知因素做出分析,成为研究课堂教学中语言交际的先驱。迄今为止,国外研究者有关课堂教学中语言交际的研究已取得丰硕成果,大致可分为两个方面:课堂教学中语言交际的功能与意义和课堂教学中语言交际结构。

第一,语言交际的功能与意义的研究。1970 年,弗兰德斯运用互动分析系统(Flanders' Interaction Analysis System)将课堂教学中语言交际的功能分为 3 大亚类10小类。其中教师的言语交际分为：①接受学生感情；②接受或利用学生的观点和想法，并将其运用到随后的交际活动中，改变其讲课方式和方法；③表扬和鼓励；④提问；⑤讲课；⑥给予指导；⑦批评和指出正确性。学生的交际行为包括：⑧做出应答，这是学生对教师提问的被动反应；⑨提议，这是学生主动参与交际的一种表现；⑩沉默或犹豫（对相关问题不做回答、停止或短时间的沉默），此时没有有效的言语交际。[1]1986年，卡兹顿（C. Cazden）运用人类学方法（the ethnomethodologic approaches）的研究突破了对师生语言交际的简单范畴分类，提出了教学交际的话语功能的"三重核心"：命题性功能（用于命题性信息的交流）、社会性功能（用于社会关系的构筑和维系）和表达性功能（用于说话者个性、态度的表现）。他认为，课堂交际是一种"社会性事件"，它通过参与交际过程的师生的语言使用活动而构成社会事实；交际语言是推动教学的工具和构筑课堂教学中人际关系的工具，也是课堂教学的参与者取得共识的工具。

第二，语言交际结构的研究。1966年，贝拉克（A. Bellack）等人在《课堂中的语言》一书中，从"教学手法的类型"的角度，提出课堂教学中的一次交际可能涉及以下四种结构中的一种或几种：结构化（structuring, STR）、诱导（soliciting, SOL）、应答（responding, RES）和反应（reacting, REA）。1979年，梅汉（H. Mehan）运用人种学研究方法（the ethnographic methods），在著作《学会教学：课堂中的社会结构》中，对课堂语言交际进行了分析。他把贝拉克的"诱导—应答—反应"（"SOL-RES-REA"）交际单位用"教师主导"（teacher initiative）、"学生应答"（student response）和"教师评价"（teacher evaluation）这种"IRE"的交际结构来表示，试图从社会建构主义的角度揭示课堂教学中所蕴涵的社会关系和权力关系。他的研究揭示了教学的社会性质，探讨了课堂交际结构以及秩序是如何借助师生相互合作得以构成的，从而提供了以语言交际为媒介研究学校文化的规范和风气的契机。

我国学者有关课堂教学中语言交际的研究主要包括三方面：

第一，课堂语言交际使用原则和功能的研究。钟海青在《论教学语言艺术的特征》（1996）一文中，指出教师在教学过程中应遵循教学的基本规律，对语言进行创造性的运用。教师的语言应该是科学性和艺术性的统一，教育性与审

---

[1] Michael J. Dunkin 主编.培格曼最新国际教师百科全书[M].教育与科普研究所，编译.北京：学苑出版社，1989.

美性的统一，即兴性与计划性的统一，情感性与理智性的统一。教师的语言交际对提高教学质量、发展学生的思维能力、培养学生的审美能力具有积极的作用。唐树之的《教师口语技能》(1996)和蒋同林等的《教师语言纲要》(2001)也分别从技能性的角度探讨了教师语言运用的原则。国家教委师范司(1997)在学者们研究的基础上，从教学环节功能的角度把课堂教学语言分为导入语、讲授语、过渡语、提问语、小结语，从表述方式的角度分为叙述语、描述语、解说语、评述语。

第二，课堂语言交际的差异性研究。学者们对课堂交际差异性的研究，可以归纳为以下几个方面：①课堂交际的差异性不仅表现在教师与学生个体或是教师与学生群体交际的比例差异上，而且更多地表现在教师与学生个体交际的对象差异上。②对于不同成绩和水平的学生，教师往往会采取不同的交际方式。③课堂师生的交际进程持续具有明显的倾向性。据研究，教师与学业失败者的言语交际持续时间较短，而与学业成功者的言语交际持续时间较长。④教师对交际内容的分配也具有明显的倾向性。⑤课堂上师生的交际具有一定的空间差异，学生所坐位置可能影响他们参与课堂交际的机会。[1]

第三，教师课堂交际类型的研究。高凌飚等人通过课堂观察，提出小学课堂交际的四种类型：单向显性交往互动、双向显性交往互动、多向显性交往互动和单向隐性交往互动。[2] 吴康宁等人从交际主体角度，根据不同的标准对师生交际行为进行了划分：教师个体与学生群体之间的交际；教师个体与学生个体之间的交际；教师个体与学生小组的交际。[3] 根据师生交际行为属性可以划分为三种类型：控制——服从型；控制——反控制型；相互磋商型。[4]

国内外有关课堂语言交际的研究，分别从理论和实践层面，运用不同的研究方法向我们呈现了课堂语言交际的特征和使用原则，课堂语言交际的结构和类型，以及教师课堂语言交际使用的差异性，证明了语言交际对课堂教学效果的重要影响。但是，我国的课堂交际研究与国外研究相比较而言，首先在理论层面，缺少能够支撑课堂语言交际的理论研究；其次，在研究方法上仍显得过于单一，大部分研究都侧重于教师课堂交际原则、规范和技巧的阐释，而基于课堂交际真实情境的观察和分析较少。

---

1 王芳.关于课堂师生互动差异的理性思考[J].现代中小学教育，2003，(2)：7-10.
2 高凌飚，赵宁宁，梁春芳.课堂教学交往的观察研究[J].教育科学研究，2003，(6)：25.
3 吴康宁.课堂教学社会学[M].南京：南京师范大学出版社，1999.
4 吴康宁.课堂教学的社会学研究[J].教育研究，1997，(2)：64-71.

(二)课堂非语言交际研究

20世纪50年代以来,人们开始了针对具体职业的非言语交际研究,有关教师职业活动的非言语交际的研究也逐渐兴起,并成为国外教育、教学领域的一大焦点问题。

首先,研究者们从身体动力学、体距学和自我亲密性理论三方面对非语言交际的理论基础进行了深入探究。身体动力学认为,人类的感情和欲求,会在无意识中以身体各部分的无声动作表现出来,其中尤以面部表情和身体的方向最为突出。[1] 实验心理学家伍德沃斯(R. S. Woodworth)和施洛斯贝格(H. Schlosberg)运用量表描述了人的情感与表情之间的复杂关系。1968年,艾伯特·梅拉别尔(A. Mehrabian)在实验的基础上提出:交际效果 =7% 有声语言 + 38% 音调 + 55% 面部表情。身体动力学在数量化模型和实验数据上取得的成果为非语言交际的深入研究奠定了良好基础。1957年美国人类学家霍尔(E. T. Hall)出版了《无声语言》一书,首次提出"体距学"概念,进行有关调节以及表现人际关系距离的研究。他从空间的角度测算人与人之间信息传递的方式,在量化研究的基础上指出人们使用的距离可以分为亲密距离、个人距离、社交距离和公众距离四种距离。自我亲密性理论认为,任何人都有与他人接触的欲求,如果这一欲求受到压抑,自己将会以抚摸的方式表现出来。因而,我们可以通过人的行为动作把握人的内心情绪或个性特征,并进行更有成效的人际交流。

其次,研究者们探讨了教师非语言交际的特点和功效。1957年,雷德尔(Redl)和瓦恩曼(Wiveman)提出,教师在处理学生问题行为时,可按"言语反应"和"非言语反应"两种方式进行,其中"非言语反应"是教师可能采取的第一类反应,其目的是使课堂上其他同学对有问题行为学生的注意力降到最低限度。库珀通过研究指出非语言交际行为对教师至关重要。教师的非语言行为关系到学生对学校的态度,教师如果学会了如何在课堂上更有效地运用非语言交际,师生之间的关系就会得到改善,学生的认知能力和学习效率就会提高。[2] Valezeno et al.针对数学课堂教师体态语的研究表明,非语言交际对于提高学生的认知水平、促进理解起到举足轻重的作用。它具有以下一些功能:①能够吸引学生的注意力;②能够提供丰富的信息;③能使教师的讲授嵌入教室的物理环境,从而使学生能够通过观察环境中的物体或者类比的方式来理解教师的讲授(Glenberg & Roberston, 2000)。即使学生未能在教室中寻找到有助于其理解

---

1 王枬等.教师印迹:课堂生活的叙事研究[M].北京:教育科学出版社,2008.
2 P. J. Cooper. *Cooper Speech Communication for the Classroom Teacher*[M]. Scottsdale, Arizona:Gorsuch Scarisbrick Publisher, 1988.

的物体，教师的体态动作也能减轻学生的认知负担，从而使其有更多的认知资源（cognitive resources）来进行学习。[1]

我国关于非语言交际的研究起步较晚，大概在20世纪80年代以后。学者们有关课堂非语言交际的研究主要包括以下方面：第一，研究者指出了六条教师课堂非语言交际的使用原则：善意尊重原则、师生共意原则、协调一致原则、程度控制原则、最优搭配原则和自我意识原则。[2]第二，课堂非语言交际的功效和类型的研究。1988年，方展画经过研究指出，非语言交际是学生非智力因素的影响机制之一，此观点启发了有关教师课堂行为对学生学习效果影响的研究。但是，直到1993年，庄锦英和李振村合著的《教师体态语言艺术》一书的出版，才引起学界对教育、教学实践中的教师非语言交际研究的重视。王枬等人运用现场观察、问卷调查和访谈等方法对小学教师的体态语进行了深入研究，从教师的服饰语言、眉目语言、面部语言和道具语言四方面，指出教师非语言交际具有四个功效：确认自我的身份和地位；调节情绪，掩饰内心的紧张和尴尬；表示对学生的尊重和关心；树立权威，实现对学生的课堂控制。[3]

通过对国内外有关课堂非语言交际文献资料的回顾，我们可以看出，国外有关课堂非语言交际的研究起步较早，并以心理学为视角奠定了课堂非语言交际的理论基础，对课堂中教师的非语言交际以及师生间非语言交际的特点和功效进行了深入研究。国外学者对教师课堂非语言交际的研究成果为我国学者进行有关教师课堂非语言交际的研究提供了富有价值的借鉴。虽然，我国有关教师课堂非语言交际研究的历史尚短，但是在理论层面和实践应用上都取得了一定的成果。然而，这些研究也存在一些问题：首先，有关教师课堂非语言交际的内容和特征方面仍有待明晰和具体；其次，有关教师课堂非语言交际研究的方法论问题还需拓展，应在实践中寻求能够全面透视教师课堂非语言交际的多元方法；再次，支撑教师课堂非语言交际的合理性理论有待充实，而不能仅停留于探讨教师课堂非语言交际本身；最后，我国教师课堂非语言交际研究，主要关注所有学科教师非语言交际的内容、特征和功效，然而，事实上，学科不同，教师非语言交际的内容、特点和功效也不尽相同，所以本研究试图在完善不同学科教师课堂非语言交际研究方面做出一定的贡献。

---

1 L. Valenzeno, M. W. Alibali & R. Klatzkya. Teachers' gestures facilitate students learning: A lesson in symmetry [J]. *Contemporary Educational Psychology*, 2003,（28）: 187-204.
2 张广君. 课堂教学中教师的非语言行为 [J]. 教育研究, 1987,（6）.
3 王枬等. 教师印迹：课堂生活的叙事研究 [M]. 北京：教育科学出版社, 2008.

二、第二语言课堂交际研究

随着国内外对课堂交际研究的关注,以及第二语言教学中以交际为目的的功能教学法的提出,第二语言教学界出现了有关课堂交际的研究。

20世纪70年代至80年代,国外的第二语言教学方法由以结构为主的传统教学法转变为以认知心理学为理论基础的功能教学法。功能教学法"以学生为中心",以培养学生的交际能力为第二语言教学的核心目标。近年来,二语教学界有关二语习得领域的大量研究充分揭示了课堂交际的重要性。[1] 与此同时,Anton（1999）[2] 的研究证明教师话语不仅有语言输入的作用,还可以引导和组织学生积极参与各种交际活动,为学习者创造交流信息、表达思想的环境和机会,使他们通过交际和意义协商（negotiation of meaning）促进语言习得。All-wright（1984）和Ellis（1990）的研究都证明任何一种课堂活动实际上都包含着语言上的交流,即使是"注重语言形式"（form-focused instruction）的教学也不可能是一种单纯的形式教学,学习者也同样可以将它看作是一种语言输入,因此课堂教学可视为一个交际过程。

其次,学者们对第二语言课堂交际的特征进行了研究。Brown[3] 通过实地观察研究指出,第二语言课堂交际中教师与学生的交际行为可以归纳为7种类型并用代码表示：TL, teacher lectures（教师讲授）；TQ, teacher questions（教师提问）；TR, teacher responds（教师回应）；PR, pupils respond（学生回应）；PV, pupils volunteer（学生主动行为）；S, slience（冷场）；X, unclassifiable（其他）。Pica & Long[4] 将教师的课堂话语与本族语者和非本族语者初次见面时的谈话进行了比较,发现虽然两种话语在语言的复杂性上没有差异,但在功能上却明显不同。教师话语中的疑问句和祈使句较多,陈述句较少,展示性问题（display questions）不多,了解核实（comprehension checks）较多,参考性问题（referential questions）、确认核实（confirm anonchecks）和澄清请求（clarification requests）较少。他们由此得

---

1 R. Allwright. The importance of interaction in classroom language learning[J]. *Applied Linguistics*, 1984（5）; R. Ellis. *Instructed Second Language Acquisition*[M]. Oxford: Blackwell, 1990; M. Swain. The output hypothesis: Just speaking and writing aren't enough[J]. *The Canadian Modern Language Review*, 1993,（50）.

2 M. Anton. The discourse of a learner-centered classroom: Sociocultural Perspectives on teacher-learner interaction in the second language classroom[J]. *The modern language journal*, 1999.

3 G. Brown. *Microteaching*[M]. New York: Methuen, 1975.

4 T. Pica. & M. Long. The linguistic and conversational performance of experienced and inexperienced teachers[A]. In R. Day, 1986.

出结论:以教师为主导的课堂缺乏真正意义上的交际,因而学习者所获得的可理解的语言输入较少,不利于语言习得。Ellis 通过对二语习得的研究,发现二语教师在课堂语言交际时通过不断的检查、澄清、解释和概念界定,以及适当的总结来吸引学生的注意力和监控他们的理解程度。[1]1988 年,Chaudron[2] 采用了 Brown 的二语课堂师生交际类型代码记录了课堂交际行为后发现,无论是第二语言课堂还是第一语言课堂,教师的讲课和提问都占到约 70% 的课堂时间。基于此,他进一步指出了以教师教授为主导的二语教学方式的利与弊。

第三,学者们专门对二语教师的语言交际特征及其对教学的影响进行了研究。Richards 和 Lockhart[3] 对二语教师的课堂语言进行了研究,提出教师语言主要包括四类:教师为了适合学生接受而调整的语言;教师提问用语;教师评价用语;课堂互动用语,而且二语教师的语言为了适应特定的学生群体,在用词、节奏、语调、语气等方面都不同于正常的人际交往。Chaudron[4] 从语言学的角度对二语教师教学语言的特征进行了初步的归纳与分类,揭示出教师教学语言包括语音、词汇、句法、语篇等部分,具有重复要点、降低语速、适时停顿、夸张发音,教师会对自己的词汇选择、语句结构和整体话语结构进行调整等特征,并指出这些特征对教学效果产生的影响。Ellis[5](1990)认为,虽然在自然环境中人们常使用确认核实和澄清请求来克服交际困难,但在以教师讲话为主的课堂中,教师却很少以此方式与学生进行协商,他们使用的往往是理解核实,因为这样不会使他们失去对课堂讲话的控制。

第四,学者们有关二语教师交际行为区域(teacher's action zone)的研究,指出教师常常在教学活动中有意无意地与一些学生进行较多的交流,而忽略了另外一些学生。但教师交际行为区域也常常因人而异。[6]

1　R. Ellis. *Understanding Second Language Acquisition*[M]. Oxford:Pergamon Press,1984.

2　C. Chaudron. *Second Language Classrooms: Research on Teaching and Learning*[M]. New York:Cambridge University Press,1988.

3　J. C. Richards & C. Lockhart. *Reflective Teaching in Second Language Classrooms*[M].Cambridge University Press,1996.

4　C. Chaudron. *Second Language Classrooms: Research on Teaching and Learning*[M]. New York:Cambridge Univesity Press,1988.

5　R. Ellis. *Instructed Second Language Acquisition*[M].Oxford:Blackwell,1990.

6　R. Adams & B. Briddle. *Realities of Teaching: Explorations with Video Tape*. New York:Holt, Rinehart & Winston. 1970.Schinke-Llano, L.(1983)Foreigner talk in content classrooms. In H.W. Seliger and M.H. Long(eds.), Classroom Oriented Research in Second Language Acquisition. Rowley, Mass.:Newbury House.

我国二语课堂交际的研究主要是追随欧美的教育理念。20世纪末、21世纪初，我国的二语教学界引进了以交际为目的的功能教学法，学者们开始关注课堂交际的研究，提出了"以学生为中心的主题教学模式"，指出英语教师的教学应以学生为中心，以学生的要求为出发点，培养学生语言综合运用的能力，在教材编写方面也应体现此种教学思想和教学模式。[1] 具体体现为：

第一，有关英语教师课堂语言交际特征及其影响的研究。周星等人[2]通过课堂录音和问卷调查的方法，对采用"以学生为中心的主题教学模式"的大学英语课堂中教师话语在话语量、提问方式、交互调整、反馈方式等方面的特点进行了系统分析，提出"以学生为中心"和"以教师为主"的传统教学方法相比，新的教学模式能给学习者提供更多的用目标语进行双向交际和意义协商的机会，因而更有利于语言习得。王银泉[3]（1999）指出在中国以教师为中心的英语课堂教学中，教师话语往往占用了70%甚至是90%的课堂时间，学生参与课堂活动和发表见解的机会很少，教师与学生之间缺少交流，使得学生语言交际能力得不到有效培养。赵晓红[4]通过对十几位教师的随堂观察、录音、记录与分析，并通过对部分教师和学生进行的访谈，对大学英语阅读课的教师话语进行了分析，包括教师话语的数量和质量、教师的提问、教师的反馈和教师的讲解，从而证明教师话语的使用对课堂教学质量有重要的影响。王苏[5]对中学英语教师的提问进行了专门研究，从提问的类型、提问的动机、对问题的解释、留给学生的思考时间以及对回答的评价等几个方面探讨了中学英语教师的提问对课堂交际的影响。

第二，对英语教师非语言交际特征及其影响的研究。王立红[6]通过调查和访谈指出：大学英语教师及学生对教师的非语言行为有一定的认识，但并不全面；课堂上积极的非语言行为远远多于消极的非语言行为；教师能够使用不同的非语言信号传授知识和管理课堂。不足的非语言交流、滥用及具有消极意义的非语言行为会对课堂教学造成负面影响。同时，研究也显示了通过教学及练习教师可以改进课堂非语

---

1 应惠兰，何莲珍，周颂波.大学公共英语教学改革——以学生为中心的主体教学模式[J].外语教学与研究，1998，(4)：22-26.
2 周星等.大学英语课堂教师话语的调查与分析[J].外语教学与研究，2002，(1)：59-68.
3 王银泉.第33届国际英语教师协会（IATEFL）年会侧记[J].外语界，1999，(2)：54-55.
4 赵晓红.大学英语阅读课教师话语的调查与分析[J].外语界，1998，(2)：17-22.
5 王苏.教师提问与课堂交际[D].辽宁师范大学硕士学位论文，2004.
6 王立红.大学英语教学中的非语言交际研究[D].山东大学硕士学位论文，2008.

言行为；而教师的非语言行为对课堂教学的各个方面，如师生关系、课堂气氛、学生课堂参与及学生的认知行为学习都会产生影响。王立红通过实证研究发现，教师非语言行为对提高教学效果有重要的作用，并提出了非语言交际的有效策略，如：改变传统的教学观念；课堂上增加具有积极意义的非语言信号；课后学习相关理论及不断练习；注意学生及其他教师对自己课堂教学行为的反馈等。

第三，我国外语界的一些著名学者对跨文化交际进行了深入研究。王振亚[1]提出英语教学的目的就在于培养学生的跨文化交际能力，并提出了提高学生跨文化交际能力的具体策略。贾玉新[2]对跨文化语言交际和非语言交际进行了研究，指出了语言学习者在跨文化交际过程中经常出现的一些问题。胡文仲[3]则针对英国和美国文化中的语言交际和非语言交际的特点进行了研究。邓群芳[4]通过调查问卷和访谈对大学英语教学中文化教学现状进行了研究，指出大学英语教学应该是文化教学和语言教学相结合，外语教学不能仅仅局限于语言知识和技能的教学，还应该帮助学生了解目的语文化和本族文化的异同，在一定程度上帮助学习者实现个人发展。

综观国内外有关二语教学课堂交际的研究，我们不难发现，二语教学课堂交际的研究者们以已有的课堂交际研究为基础，并从二语教学的特点出发，从理论和实践两方面指出了二语教师课堂交际的特点、交际类型和功效。相比之下，我国对于二语教师课堂交际的研究还是一个没有受到足够重视的领域，国内学者对二语教师课堂交际的关注从20世纪90年代末才刚刚开始，其系统研究还相当匮乏，与国外丰富的理论和实践研究成果形成了鲜明对照。但是，国外对二语教师非语言交际的研究很少，而我国英语教学界在这方面则在国外课堂非语言交际研究的基础上对我国英语教师非语言交际特点及其对教学效果的影响进行了研究，扩展了二语教师课堂交际研究的视角。不过遗憾的是，国内有关二语教师课堂交际的研究仅限于英语教师课堂交际的研究，对对外汉语教师课堂交际全面系统的研究尚属空白。

1　王振亚.以跨文化交往为目的的英语教学[M].北京：北京大学出版社，1991.
2　贾玉新.跨文化交际学[M].上海：上海外语教育出版社，1997.
3　胡文仲.英美文化辞典[M].北京：外语教学与研究出版社，1995.
4　邓群芳.大学英语教学中文化教学现状的调查和研究[D].华东师范大学硕士学位论文，2004.

三、对外汉语课堂交际研究

对外汉语教学界关于课堂交际的研究主要包括两方面：

第一，对外汉语教师语言交际特点和功效的研究。刘珣指出对外汉语教师的语言"关系到能否成功地执行教学计划，同时也成为学生所能获得的可理解输入的主要来源，直接影响到他们的目的语习得。"[1] 彭利贞[2]在《试论对外汉语教学语言》一文中总结了对外汉语课堂语言交际的主要特点。他指出了教师在对外汉语课堂教学中，为了实现成功的课堂交际应具有的各种特殊的言语状态，以及对外汉语教学独特的语速特征。还有一些学者对汉语教师的提问语进行了专门的研究。马欣华（1988）在《课堂提问》一文中将对外汉语教师的提问分为固定性提问和开放性提问，并简明扼要地介绍了对外汉语课堂提问的功能和作用。刘晓雨（2000）在《提问在对外汉语教学中的应用》中，从学生心理角度出发，提出对外汉语教师课堂提问的三个作用：提问能够有效激发学生的反应、提问能够加强学生参与课堂的程度、提问能够促进学生学习的自主性。傅索雅[3]则进一步论述了对外汉语课堂提问的重要性，以及课堂提问要以学生为中心的原则。黄晓颖[4]从提问的意义、基本原则、提问方式等三个方面对对外汉语教学中教师提问的艺术进行了简单的论述。

第二，对外汉语教师非语言交际特点和功效的研究。有关对外汉语教师非语言交际的研究最早可以追溯到吕必松先生在《对外汉语教学探索》一书中有关非语言交际的论述。他指出教师语速的调整对课堂教学质量的提高具有重要作用；在针对直接法对外汉语教学方法的论述时，他提出了"首先通过口头形式并伴之以动作或图画来展示教学内容"，[5]其中的"动作"和"图画"就是非语言交际中教师的身势语和随身用品的运用。彭利贞[6]第一次明确提出了身势语在对外汉语课堂教学中的重要作用。他认为对外汉语课堂教学应"辅以大量的身势语……有经验的对外汉语教师能以表情、动作乃至表演来增加教学对象语义输入的渠道，使课堂背景下的交际能成功地进行"。张园[7]就手势语在语音教学中

---

1 刘珣.对外汉语教育学引论[M].北京：北京语言大学出版社，2000.
2 彭利贞.试论对外汉语教学语言[J].北京大学学报，1999，(6)：123-129.
3 傅索雅.谈谈对外汉语教学中的课堂提问[J].北京广播电视大学学报，2002，(1)：10-13.
4 黄晓颖.对外汉语教学的提问艺术[J].中国教育科学，2004，(12)．
5 吕必松.对外汉语教学探索[J].北京：华语教学出版社，1987.
6 彭利贞.试论对外汉语教学语言[J].北京大学学报，1999，(6)：128.
7 张园.手势在语音教学中的作用[J].语言教学与研究，2002，(6)：51-56.

的重要作用和使用方法进行了深入研究。孙雁雁[1]对体态语在对外汉语教学中的意义和运用进行了较为全面的论述。首先，她指出了体态语在对外汉语教学中运用的五个特点和作用，包括：①教师可根据学生的体态语掌握学生的个性，以便因材施教；②教师可根据学生的面部表情推测授课情况及学生的情绪；③教师可利用体态语创造虚拟的交际情景，营造轻松自由的课堂气氛；④教师可利用体态语"延长"授课时间，增加授课内容；⑤教师可通过有意识地运用体态语来展示自己的风度。其次，她还提出了体态语在对外汉语初级阶段和中高级阶段课堂教学中不同的使用方法。最后，她指出了对外汉语教学中体态语使用的四项注意要素，包括：①中国社会化体态语与学生习惯的冲突；②对学生体态语所隐含的文化意义的理解；③教师体态语的群体接受性；④教师在课堂教学中，切勿滥用体态语。王添淼[2]通过实地观察、教学录像和师生访谈等方法，对两位对外汉语教师体态语运用的差异与结果进行了分析，研究发现教师体态语的有效运用对对外汉语课堂教学具有辅助、替代和暗示、反馈、模仿与传播中国文化以及促进教师反思的作用，并提出非语言交际的合理运用能够有效提高课堂教学效果。

除了以上有关对外汉语教师课堂交际的研究以外，还有一些学者虽然在研究中没有明确提出"交际"二字，但在行文中也涉及有利于提高对外汉语教学质量的某些教师课堂交际技巧，如教师应多给予学生鼓励，[3]对外汉语教师提问时的注意事项，[4]以及对外汉语教师课堂教学的纠错方法等。[5]但是，我们不得不承认对外汉语教学界有关教师课堂交际的研究尚处于起步阶段，无论是理论研究还是实践研究都亟待充实。

四、既有研究简评

综合以上的文献梳理，我们可以看到，国内外有关课堂交际的研究较多，而且二语教学领域有关课堂交际的研究也在不断深入和发展，然而我国二语教学

---

1 孙雁雁.体态语在对外汉语教学中的意义及运用[J].语言教学与研究，2004，（2）：63-69.
2 王添淼.对外汉语教学中教师体态语的运用[J].汉语学习，2010，（6）：98-103.
3 崔永华.语言课的课堂教学意识略说[J].世界汉语教学，1990，（3）：173-177；吕叔湘.关键在于一个"活"字[J].课程·教材·教法，1991，（10）：16；卞觉非.21世纪：时代对对外汉语教师的素质提出更高的要求[J].语言文字应用，1997，增刊.
4 邓恩明.谈教师培训的课程设置[G].载刘珣.对外汉语教学概论[M].北京：北京语言大学出版社，1997；黄晓颖.对外汉语教学的提问艺术[J].中国教育科学，2004，（12）.
5 李泉.对外汉语课堂教学的理论思考[J].中国人民大学学报，1996，（5）：91.

课堂交际的研究仍局限于英语教学，对外汉语课堂交际的研究还处于起步阶段。不过，这些现有的有关课堂交际的研究的贡献正如前文所述，对本研究不论是理论层面、实践层面，还是研究方法层面都具有一定的参考价值。但总体而言，目前有关课堂交际的研究，还存在一些需要思考的地方：

（一）研究内容上多偏重于交际技巧的讨论

当前很多有关课堂交际的著述、文章多倾向于教会或告诫教师如何进行课堂语言交际和非语言交际，老师们应该做什么和不应该做什么，这些交际行为的重要作用是什么。事实上，课堂交际具有极强的情境性、复杂性和不确定性，是师生间的双边活动。所以，教师们这种脱离具体情境下的学习，仅限于一些课堂交际的"技巧"。而且，有关对外汉语教师课堂交际的研究，仍停留在一些学者在文章的某一处提到的教师应该具备交际能力，或是对教师教学过程中动作表演作用的正面肯定，缺乏从交际的角度来认识对外汉语教学，而教师课堂交际的效果正是提高对外汉语教学质量的一个重要方面。同时，跨文化交际是对外汉语课堂交际的一个重要特点，在研究师生课堂交际时尤其值得重视，但国内有关这方面的研究尚不多见。值得肯定的是，已有研究或者经验的积极意义是能够帮助人们思考，并具有一定的理论和实践的指导意义，但是，难以帮助教师们理解课堂交际的本质和特征。

（二）研究对象上多为中小学课堂交际的研究

中小学的课堂教学与对外汉语课堂教学有着很大区别。本研究的对外汉语教学限定于中国高校中的对外汉语教学，教学对象几乎都是18岁以上准备在中国攻读大学，或者已经在本国读大学到中国来进修汉语的学生，以及一部分已经参加工作的人，所以是成人教学。成人在学习动机和学习策略等方面与中小学生是截然不同的，因此教师的课堂交际方式也有很大区别。还有一些文章也探讨了课堂交际的重要作用，但都是针对所有年龄段、所有学科的课堂教学，所以研究对象又过于宽泛。此外，从研究领域来说，现有课堂交际研究既有关注教师的研究，也有关注学生的研究，从而增强了笔者对课堂交际主体的认识。但是，这些研究中的大部分是从教师的视角出发，关注学生的研究较少，尤其是他们的体验，没有能够更好地从学生的角度去理解课堂交际。

(三) 研究方法上的可鉴之处

已有研究主要包括三种研究方法：第一种是统计分析法，即以把语言作为一种信息传递的媒介为前提，研究的主要目的是分析语言的逻辑和主题内容，探讨语言使用问题、答案、情感表达、进行探究等客观范畴及其所占比例（N. Elanders, 1970; 周鹏生, 2003）。第二种是话语分析法，缘自社会语言学的研究，语言交际的过程不仅是语言使用的过程，还应该是思想传递和社会关系建立的过程，因此话语分析不仅要了解话语的表达层面，还要深入到意义和实际行动层面，考察语言的功能以及语言使用者的编码和解码过程，注意社会文化语境和认知的作用（Z. Harris, 1952; Edwards, 1986）。第三种是人类学方法，研究者从实际课堂交际的话语（discourse）或言谈（talk）及其使用语境中解读出特定社会机构（课堂或学校）内部日常生活的文化规范或权力关系等（Silverman & Gubrium, 1994; 王枬, 2008）。这些研究方法的运用对本书的研究具有很强的指导意义。但是，就国内有关课堂交际的研究而言，大部分研究仍依赖于传统的科学方法，如实验法、测量法、统计法等，仍属于"逻辑—经验"范式，缺乏直观的洞察，其成果或结论离生活也较远，所以很难为一般人理解或者接受。

第四节 对外汉语教师课堂交际研究的独特进路

研究进路，一般是指基于研究对象及内容的特点和规律所选择的研究路径和步骤。对外汉语教师课堂交际是本书的研究对象，对外汉语课堂交际中的语言交际行为、非语言交际行为和跨文化交际行为，以及有效的对外汉语教师课堂交际策略是本书的重要内容。本书从对外汉语教师课堂交际的真实情境出发，通过深入的理论探究和课堂观察、访谈，分教师年龄段及从教时间、分课型、分学生汉语水平等，有重点、有层次地开展对外汉语教师课堂交际研究。这些研究可以帮助对外汉语教师提高课堂交际意识和能力，也是促进教师专业发展的必要条件。

一、本书研究的主要问题

本书旨在弥补已有对外汉语教学课堂交际研究的不足，以已有的有关课堂交际研究的理论为基础，对对外汉语教师课堂交际进行细致的描绘和动态的把握以及深入的分析和讨论。具体问题包括：

1. 对外汉语教师课堂交际包括哪些交际方式？
2. 对外汉语教师课堂交际方式存在的问题及其对课堂教学质量的影响。
3. 对外汉语教师在课堂跨文化交际过程中存在的问题及其影响。
4. 有哪些策略能够实现对外汉语教师课堂交际的有效性？
5. 对外汉语教师课堂交际的内涵和特征。

需要说明的是，本书虽然是关于对外汉语教师课堂交际的研究，但正如前文所述，交际是双边互动的过程；同时，对外汉语教学的目标在于提高学生运用汉语进行交际的能力。所以，本书在探讨教师课堂交际的过程中，高度关注另一交际主体——学生的体验，从学生汉语学习心理的角度进行研究。

本书共分为六章：

第一章是有关此研究的概述部分。首先从理论和实践两方面介绍了本研究的重要意义；然后，从课堂交际研究、第二语言课堂交际研究和对外汉语课堂交际研究三方面梳理和评析了前人有关对外汉语教师课堂交际相关问题的研究，并指出了已有研究的特点和不足；最后，从研究的问题与结构、具体的研究方法和研究的创新之处三方面探讨了对外汉语教师课堂交际研究的独特进路。

第二章介绍了本研究的理论基础。从交往行为理论、跨文化交际理论和建构主义理论三个视角，对对外汉语教师课堂交际研究的理论基础进行了探析。

第三章从对外汉语教师对学生的提问语、教师易于课堂交际的调适语、教师对学生的引导语和教师的评价语四方面对对外汉语教师课堂语言交际现象进行了深入描述与分析。

第四章从对外汉语教师的体态语、教师交际过程中的非语词声音信号、教师的服饰、教师的随身用品和教师课堂交际过程中的空间信息等对对外汉语教师课堂非语言交际现象进行了描述与分析。

第五章着重探究了在多元文化背景下的对外汉语课堂教学中，师生之间语言交际和非语言交际的文化冲突、文化共通和文化理解。

第六章基于已有的对对外汉语教师课堂交际的描述和分析，提出了实现对外汉语教师有效课堂交际的策略。

二、本书研究的基本方法及研究对象

（一）质的研究方法

本研究主要采用质的研究方法（qualitative study）。

质的研究方法是"以研究者本人作为研究工具、在自然情境下采用多种资料收集方法对社会现象进行整体性探究、使用归纳法分析资料和形成理论、通过与研究对象互动对其行为和意义建构获得解释性理解的一种活动"。[1] 质的研究方法源于解释现象学（interpretative phenomenology），解释现象学认为"知者"是"被知者"的组成部分；对"客观实在"的认知取决于"知者"的参与和解释，因此其意义是主观的、不确定的、不可穷尽的；我们所了解的"真实"（truth）只是客观实在的一部分或一种表象，所谓"研究"就是通过一系列细致的手段和方法逐步接近客观事实的真相（authenticity）。[2] 因此，质的研究鼓励研究者与被研究者之间的互动，允许研究者以文化主位的方式进入被研究者的"肌肤"，去理解其意义系统，进而达到二者的视域融合。

本书采取质的研究方法主要原因在于：

第一，研究者只有深入到对外汉语课堂交际的真实情境之中，保持开放的态度，在自然情境下进行研究，对被研究者的"生活世界"和社会组织的日常运作进行考察，才能够真正进入研究对象的内心世界。在情境中，研究者通过访谈、观察、理解的方式，用研究对象，即对外汉语教师和留学生的语言、概念等符号诠释他们日常生活中发生的事件，对他们的思想、感情和价值观念做出"解释性理解"，对他们眼中的生活和行为的意义进行长期、深入、细致的考察，使对外汉语教师的课堂交际较为"真实"地呈现出来，进而发现问题，解决问题。

第二，课堂交际的复杂性、情境性和不确定性也决定研究者必须走进真实的课堂交际情境中去进行深入、细致、有针对性的研究。比如，从理论上而言，课堂交际方式有很多种类，然而，就对外汉语教师课堂交际而言，哪些方式是主要的？对外汉语教师的这些交际行为存在哪些问题？这些问题对课堂教学质量有什么影响？有哪些交际策略能够实现教师更为有效的课堂交际？……这些问题仅仅通过理论思辨是难以描述的，而是在课堂交际过程中对外汉语教师和学生的互

---

[1] 陈向明. 教师如何做质的研究 [M]. 北京：教育科学出版社，2001.

[2] 陈向明. 质的研究方法与社会科学研究 [M]. 北京：教育科学出版社，2000；J. Gall, M. Gall & W. Borg. *Applying Educational Research: A Practical Guide*(5th ed.)[M]. Allyn & Bacon, 2004.

动中建构的。所以，本书的研究要依赖于动态的、整体的实践观察与记录，而非实证研究所假定的客观的、静止的研究，研究者以动态的方式去追踪和深入理解对外汉语课堂教学过程中教师和学生的交际过程和特征。

第三，质的研究具有极强的人文关怀和平民意识，这种对人的特别关注能够彰显人的个性以及社会生活的独特性、丰富性和多样性。这也正是质化研究所具有的有别于量化研究的客观性之所在。

质的研究中有一个很重要的问题，就是研究者的价值问题。从事这项研究的初衷与本人的经历有关。2003年以来，笔者一直在高校担任对外汉语教师，经历了从一名"新手"向"具有一定经验"的教师的转型，经历了课堂交际中的兴奋、困惑、迷惘到逐渐的适应和创新。作为一个"局内人"（insider），笔者对对外汉语教师课堂交际有切身的体会与兴趣。然而，一个"局内人"可能会遇到这样的质疑：你如何保持研究的"科学性"？你自身的体会与经验是否会影响研究的结果？这也是质的研究中一个热点问题，即研究者相对被研究者来说是"局内人"还是"局外人"（outsider）的角色问题。"局内人"指研究者与研究对象同属于一个文化群体，享有共同的价值观念或行为方式，对事物往往有比较一致的看法。"局外人"指研究者处于研究对象的文化群体之外，与研究对象有着不同的生活体验，只能通过外部观察和倾听来了解研究对象的行为和想法。[1]

马克斯·韦伯在讨论社会科学方法时提出了"价值关联"与"价值中立"一对概念。他认为，对于研究者来说，社会事实"宛如海滩上的卵石在等待着被捡拾"，科学研究者到底会捡起哪一块卵石，"这在很大程度上取决于我们通过它去打量世界的精神眼镜"。[2] 因此，对于科学研究者来说，价值思想是科学研究中的重要因素，如果一个研究者没有自己的价值思想简直是不可想象的事情。但是，"价值关联"并不意味着对"价值中立"的否定。"价值中立"强调的是在科学研究中划清描述事实与提规范性建议的界限。由于从"事实判断"无法推导出"价值判断"，所以韦伯认为在社会科学研究中应该杜绝价值判断。

选择对外汉语教师的课堂交际作为自己的研究方向与研究者本人有很强的价值关联。我对课堂交际的重要性深有体会，深深感触到教师的课堂交际方式对课堂教学质量提高的重要意义。作为一个对对外汉语教师有深切价值关怀的研究者，我的经历、背景促成我选择这一课题作为自己的研究方向。同时，研究者选

---

1 陈向明.质的研究方法与社会科学研究[M].北京：教育科学出版社，2000.
2 侯钧生."价值关联"与"价值中立"——评M·韦伯社会学的价值思想[J].社会学研究，1995，（3）：2、6.

取的案例正是我的同事,我们共享同一文化群体,研究者熟知研究对象所处的职业环境以及在此职业环境中所从事的职业活动。研究对象在课堂交际中遇到的问题,也是研究者所经历过的。质的研究属于解释主义范畴,[1] 在研究的整个过程中,我始终充满着激情与动力,采取"局内人"的视角。作为局内人,我可以较为彻底地理解研究对象的思维习惯和行为意义,有助于我理解被研究者所传达的意义。巧妙地处理个人经历也有助于研究的展开,在访谈过程中我可以敏锐地捕捉到有用的信息,有效地帮助被访者挖掘自己的潜在意识、深刻剖析自己的内心世界,并且抓住被访者话语中的某些信息追问下去,尽量不至于偏题,在最短的时间获得最大、最有效的信息。

但是,严谨的学术研究万不可以一己之见代替科学的探讨,这是我在研究过程中一直遵守的价值中立原则。虽然,在课堂交际观察时,研究者本人的存在已经是对教师课堂交际的一种"干预",这种"研究者的尴尬处境"(researcher's paradox)是社会学研究中常见的矛盾,这只能依赖于研究者自身的认识和调节,尽量减少对研究对象的干预。同时,研究者采取的是"完全的观察者"视角,不参与任何课堂交际活动,只是尽可能翔实地记录课堂交际的每一个环节。我也时时告诫自己不可存先入之见,不能有任何的倾向性和暗示性,不可以自己的经历、体验对被访者做出价值判断,认为他们那样做或这样做是错误的或正确的,从而对通过观察、访谈等手段获取的材料进行偏向性选择。因此,研究者在研究过程中既是"局内人",也要保持一定的"局外人"的距离感,从而能够相对客观地看待研究对象,秉持着"理性上的诚实"[2] 的立场。

(二)本书研究的相关教师简介

质性研究的首要工作即是选定一个可以进入的研究现场,以便日后能与参与人员建立密切关系从而获得资料,这是作为研究者首先需要考虑的问题。笔者本身就是一名对外汉语教师,所以,选择了所执教学校作为研究现场,同时为了保证男女教师选取比例的平衡,笔者还选择了另一所高校的对外汉语学院。

主要原因在于:

第一,近年来,随着中国国际影响力的不断提升,来华学习的留学生人数不断扩大。北京市留学生规模始终居全国首位,北京高校留学生教育面临着"提

---

1 陈向明.从"范式"的视角看质的研究之定位 [J].教育研究,2008,(5):30.
2 冯钢.责任伦理与信念伦理:韦伯伦理思想中的康德主义 [J].社会学研究,2001,(4):38.

高层次、优化结构、保证质量"的多重压力。[1] 这些压力使北京各高校在提高对外汉语教学质量方面都给予了很大关注。笔者选择的这两所学校位于北京，都是全国首批六所对外汉语教育基地，都有丰富的对外汉语教学经验。

第二，两所学院对外汉语教师数量130多人，教师队伍结构合理，构建了老、中、轻的阶梯式教师队伍结构，这些都加大了笔者研究对象的选择空间，如男女比例和年龄结构上的抽取。

第三，留学生数量在全国名列前茅，有来自世界五大洲60多个国家和地区的留学生，留学生数量之多和国别化差异性之大，非常有利于我对学生的观察和访谈以及跨文化交际研究。

第四，两所学院开设了丰富的对外汉语教育课型。

第五，学院教学和科研氛围活跃。学院为了保证教学质量，每学期都会让学生对教师进行评估；同时，学院的领导们在资金和时间上鼓励教师组织和参与各种形式的教学科研活动。

第六，笔者对这两所学院的环境非常了解，包括各位老师的教学情况、每位老师所授课型的课程时间和地点的安排，易于收集老师们近三年以来的教学评估结果和其他相关材料，包括他们的反思日志、发表在各种刊物上的论文和其他相关材料。这些有利于我对研究时间的安排及研究材料的把握。

第七，与研究对象关系融洽，能够较为容易地进入研究现场，他们也会给予我理解、支持和配合，允许我随时走进他们的课堂，我也能够很快融入到教师的课堂教学中。

质的研究不可能进行"概率抽样"，使用的是"非概率抽样"中的"目的性抽样"。非概率抽样的优势在于不期待回答"多少"或"频率"等问题，而是试图回答诸如发生了什么事情、事件背后的原因是什么、出现事物之间的联系等方面的问题，而这些是质的研究方法的旨归所在。[2] 目的性抽样建立在这个假设上，即研究者想发现、理解和获得洞察，因此抽样的根据是那些能够为研究问题提供最大信息量（information-rich）的人或事。[3] 对于样本数量多少为宜的问题尚

---

1 北京"十一五"时期教育发展规划。

2 J. J. Honigmann. Sampling in Ethonographic Field Work [C]. In R.G. Burgess. (1982)(ed.), *Field Research: A Sourcebook and Field Mannual* [M]. London: Allen & Unwin, 1984.

3 J. Gall, M. Gall & W. Borg. *Applying Educational Research: A Practical Guide* (5th ed.) [M]. Allyn & Bacon, 2004; S. B. Merriam. *Qualitative Research and Case Study Applications in Education* [M]. San Francisco: Jossey-Bass Publishers, 1998.

无确切界定。一般根据研究问题、资料收集、分析进程和研究所需资料的支持等因素而定。至于需要多少个样本，林肯（Lincoln）等认为，达到"饱和"状态为止。[1] "在目的性抽样中，样本的规模是从信息角度考虑的。如果研究目的是获取最大信息的话，当新的样本不再有新的信息出现时为止。这种'饱和'（'冗余'）就是临界点的标准。而样本的最小规模是建立在所获信息能够达到期望涵盖研究的目的方面。"[2]

为了选取信息丰富性的样本，本研究选用的是非概率抽样的目的性抽样。根据研究问题，笔者选择的研究对象虽然教学效果存在差异，但都是对教学充满热情，积极上进的教师，具体标准和原因包括以下五方面：

第一，热爱对外汉语教学工作，工作积极上进，具有较强的敬业精神。原因在于这样的教师关注自身教学能力的提高，有意愿参与我的研究，能够积极主动地配合。

第二，教学效果方面，主要包括两种效果：一种是教学积极努力，可效果不够理想，学生评估成绩较低；另一种是教学评估成绩较高，受到学生、同事和领导的一致好评。原因在于，笔者可以通过这些教师课堂交际情境的对比，更好地呈现出对外汉语教师课堂交际中存在的问题。

第三，对外汉语教学包括多种课型，其中侧重学生汉语口语交际能力培养的口语课和侧重汉字、语法等书面交际能力培养的汉语课是必修课，还有听力课、阅读写作课、[3] 正音课、影视课、报刊阅读等选修课。对外汉语教学的目标在于提高学生汉语交际能力，学生汉语交际能力的培养包括听、说、读、写四方面技能。因此，笔者除选择口语课和汉语课两门必修课以外，还选择了面向中级偏上和高级汉语水平学生开设的培养学生汉语阅读交际能力的阅读写作课；笔者还选择了正音课，因为在对外汉语课堂教学中，所有课型的老师都要纠正学生的发音，而且汉语独特的"四声"直接关系到学生的每一个汉语表达，包括从词到短语、句子，再到成段表达。同时，四个声调的掌握对留学生来说难度最大，一些声母和韵母的发音也令不同国家的学生大为困惑。由于听力课的教学模式往往较为固定，大多是听一段录音，然后根据录音判断对错、选择或回答问题，并未涉及太多的课堂交际问题，所以听力课的教师没有列为样本。以上课型的选择有利

---

[1] Y. S. Lincoln & E. G. Guba. *Naturalistic Inquiry* [M]. Thousand Oaks, Calif.：Sage, 1985.

[2] M. Q. Patton. *Qualitative Evaluation Methords (2nd ed.)* [M]. Thousand Oaks, Calif.：Sage, 1990.

[3] 有少部分学校仍为原来的阅读课，并未与写作课相结合。但从现在教材的编写趋势来看，大部分新出的教材都将阅读能力和写作能力的提高结合在一起，改为阅读写作教材。

于笔者对对外汉语教师课堂交际中存在的问题和教师课堂交际方式对提高留学生汉语交际能力的影响进行全面的了解和分析。

第四，对外汉语教学对象按照汉语水平分为初、中、高三个等级，笔者的研究涉及初、中、高三级水平的口语课和汉语课。原因在于可以了解教师课堂交际对不同水平学生的汉语教学都有哪些影响，这些影响是否存在差异性。

第五，在年龄选择上集中于30～50岁之间，因为这个年龄段的教师正是我国汉语国际推广事业的中坚力量，他们的从教时间介于2～25年不等。

综上所述，这些目的性抽样的标准首先能够保证笔者顺利进入研究现场；其次，研究对象能够积极配合本项研究；再者，对教师教学效果差异性的比较有利于说明教师课堂交际中存在的问题以及对课堂教学质量的影响；此外，对不同课型和学生汉语水平的选择保证了本研究的全面性和系统性；最后，对教师年龄的限定增强了本研究的实践意义。以上几点使本研究的样本具有典型性、代表性和现实意义。

由于笔者对授课教师的教学效果已有一定了解，并对他们近几年的教学评估成绩进行了统计。首先，每种课型选择了三位教师（除正音课以外），[1]共对二十二位教师的课堂交际进行初步观察。最后，笔者根据信息丰富性的原则，从中选取了十一位作为本研究的样本进行细致、长期的研究。质的研究要求就某一个研究现象进行比较深入、细致的探讨，一般研究周期较长。样本的大小受到研究目的、问题、范围、时间、地点、经费和人员以及样本与他们之间的关系的影响。总之，研究的深度和广度是相互制约的。如果选择样本过大，超出了研究者的操作能力，研究结果就会比较泛，无法最大程度地挖掘出有价值、有意义的材料。因此笔者经过对大量教师的听课以后，根据课堂教学效果和他们的期末教学评估成绩，最终决定对十一位对外汉语教师进行深入研究。这十一位教师的基本情况如下：

陈平[2]老师已有七年的对外汉语教学经验，本科是汉语语言学专业，硕士是对外汉语教学专业，现正在攻读对外汉语教育专业的博士研究生，副教授，曾教授过初级汉语、初级口语、中级汉语和高级汉语，在笔者实地观察时，陈平老师正在教授初级汉语水平的学生。陈平老师近三年的教学评估成绩为中间偏上水平。

---

1 关于语音的教学所有老师的课堂教学过程中都会有所体现，所以我只选择了一位教师的正音课。
2 出于保密原则，所有姓名均为化名。

王丽云老师已有二十二年的对外汉语教学经验，本科和硕士都是对外汉语教学专业，副教授，曾教授过不同水平的汉语课、口语课、听力课、阅读写作课、英汉翻译课等。近三年的教学评估平均成绩都是名列前茅，多次获得学院和学校教学优秀奖、正大奖教金和工商银行奖教金，现为该学院的视听说教研部主任。正教授初级汉语口语课。

宋志文老师从事五年对外汉语教学，本科、硕士和博士都是现代文学专业，讲师，曾教授过初、中、高三级水平的汉语课以及中级水平听力课。近三年的教学评估成绩很不稳定，有两年是后几位，一年是中间位置。正教授中级汉语课。

李卫东老师从事十二年对外汉语教学，本科和硕士都是对外汉语教学专业，正在攻读对外汉语教育的博士研究生，副教授，曾教授过初、中、高三级水平的口语课、听力课、英汉翻译课、阅读写作课，已出版四本口语教材，曾获得学院和校级教学优秀奖。现正教授中级口语课。近三年教学评估成绩均名列前茅。

刘涛老师从事三年对外汉语教学，本科、硕士和博士都是语言学及应用语言学专业，讲师，曾教授过初级汉语课，现正教授高级汉语课。近三年教学评估成绩，第一年在末位，第二年中间位置，第三年中间偏上。

李佳慧老师从事十年对外汉语教学，本科是英语教育专业，硕士是对外汉语教学专业，副教授，曾教授初、中、高三级水平口语课、正音课、听力课、阅读写作课，已出版三本口语教材和一本听力教材，正教授高级口语课，曾获得两次学院教学优秀奖和一次校级教学优秀奖。近三年教学评估成绩中第一次是末位，但近两次都是名列前茅。

张韵老师从事六年对外汉语教学，本科是古典文献专业，硕士是对外汉语教育专业，讲师，曾教授初、中、高三级水平的口语课，连续从事了三年正音课教学，发表多篇有关汉语语音教学的文章，曾获得市级教育创新奖。口语和正音教学都受到学生、学院教师和领导的一致好评。正教授正音课。

邓萍老师从事十一年对外汉语教学，本科是汉语言文字学专业，硕士是对外汉语教学专业，副教授，曾教授初、中、高三级水平的汉语课、听力课、影视课、报刊选读课，已出版综合汉语教材和两本口语教材，正在编写两本阅读写作教材。正在教授中、高级阅读写作课。邓老师的阅读写作课教学方法不仅受到本学院学生和教师的好评，在全国对外汉语教学界也有一定影响。

陈丹阳老师从事八年对外汉语教学，本科、硕士和博士都为对外汉语教学专业，讲师，曾教授过初级和中级汉语课和口语课、报刊选读课，出版三本阅读教材和一本听力教材，正教授中、高级阅读写作课。近三年中第三次有关阅读写作课的教学评估成绩较低。

宋雪娇老师从事九年对外汉语教学，本科为汉语语言学专业，硕士是教育学专业，正在攻读对外汉语教育专业博士研究生，副教授，曾教授初、中、高三级水平的口语课、听力课、正音课、报刊选读课，出版两本口语教材，正在教授初级口语课。近三年教学评估成绩第一次名列前茅，近两次成绩较低。

王冉老师从事四年对外汉语教学，本科、硕士和博士均为心理学专业，讲师，曾教授初、中、高三级水平的口语课，正在教授中级口语课。近三年的教学评估成绩，第一次位置居中，第二次中等偏上，第三次位置居中。

抽样对象情况一览表如下：

表1 抽样对象情况一览表

姓名	性别	教龄	学历	职称	学生汉语水平	课型
陈平	男	7年	在读博士	副教授	初级	汉语课
王丽云	女	22年	硕士	副教授	初级	口语课
宋志文	男	5年	博士	讲师	中级	汉语课
李卫东	男	12年	在读博士	副教授	中级	口语课
刘涛	男	3年	博士	讲师	高级	汉语课
李佳慧	女	10年	硕士	副教授	高级	口语课
张韵	女	6年	硕士	讲师	中、高级	正音课
邓萍	女	11年	硕士	副教授	中、高级	阅读写作课
陈丹阳	女	8年	博士	讲师	中、高级	阅读写作课
宋雪娇	女	9年	在读博士	副教授	初级	口语课
王冉	男	4年	博士	讲师	中级	口语课

质性研究中与合作教师建立一个轻松的、舒适的和相互理解的信任关系是非常必要的，所以，我时刻提醒自己，不能把这些教师和学生当成"研究对象"，而应当是有情感、价值观和需要的"人"。因为我本人就是对外汉语教师，所以能够更为充分地理解他们所处的真实的工作环境。研究开始之前，我将就本研究的真实目的与价值和几位教师进行了交流，并真诚地告诉他们，我走进他们的教育实践中是为了向他们学习，我是一个"学习者"，当然，我也非常愿意与

他们形成一种伙伴关系。这种研究者的角色定位，让我得到了同行们真诚的理解与配合。

（三）资料的收集

质的研究收集的资料是文字资料，而非数字资料，[1]收集方法具有多元性。笔者根据本研究的问题和目的，使用了文献分析、观察、访谈、问卷调查等多种方式来获取教育事实。

资料收集是一项非常细致和复杂的工作，在资料收集过程中，我尽可能地观察、捕捉和记录下每个关键的细节，也正是这"一件一闪即逝的小插曲，一片风景的片面或是一句偶然旁听的话，可能就是了解及解释整个区域的唯一关键所在，如果缺少那个关键，整个区域可能就一直不具任何意义"。[2]

1. 文献分析法

文献分析法包括了两方面的内容，对相关研究文献的梳理和对教师教学日志的阅读。

在研究开展之前，我广泛阅读了与教师课堂交际相关的研究文献，目的在于帮助自己厘清研究的问题，提出新的看问题的角度，提供新的可资借鉴分析资料的思路；其次，广泛汲取哲学、社会学、心理学、教育学等多学科的理论力量，这些理论使我自己的触角更加敏锐，更加容易捕捉问题和自己的灵感，更为深入地理解和解释对外汉语教师课堂交际的本质和特征，丰富从实践中建构的扎根理论；第三，在阐明问题的时候，为了诠释意义的需要，可从中适当引用一些其他研究成果中关于课堂交际的经验与故事。

教学日志的建立过程是教师对已有经验进行系统化整理的过程，是对自己成长的记录过程，也是教师对自身教育教学进行反思的过程，是教师教育研究中常用的研究工具。对外汉语教师的教学日志中记录了课堂交际过程中的成功与失败，他们通过对自己的交际观念、行为进行回忆和反思，从而使教学日志的内容超越现象或是行为控制的局限。所以，在研究过程中笔者对一些教师的教学日志进行了阅读和分析，从教学日志中努力挖掘教师课堂交际行为在思想深处的成因，去追问个体思想、行为产生的背景。

2. 观察法

观察法是研究对外汉语教师课堂交际的主要方法之一。观察者与被观察者

---

[1] M. B. Miles & Huberman. *Qualitative Data Analysis: A Sourcebook of New Methods* [M]. Calif.: Sage, 1984.
[2] 转引自马维娜. 局外生存——相遇在学校场域 [M]. 北京：北京师范大学出版社, 2003.

一起生活、工作，在密切的接触中观看他们的行为，并从中发现对研究问题有意义的资料。[1] 在课堂观察中，我主要关注了以下三方面：第一，对外汉语教师课堂语言交际方式及其作用，即教师课堂教学中口头语言的表达特点。第二，对外汉语教师课堂非语言交际方式及其作用，包括教师的体态语，比如教师的表情、目光、手势等；教师教学服饰的选择；教师的随身用品；教师的语速、语调等副语言交际特征；教室的布置和座位排列等等。第三，跨文化背景下对外汉语教师课堂语言交际与非语言交际的问题及其对教学的影响。在课堂观察之前，笔者制定了一份初步的观察提纲，在观察过程中记录了详细的课堂观察笔记，并进行了录像。

3. 访谈法

笔者采用开放式访谈和半结构式访谈的方法收集资料。开放式访谈时，我的控制程度最低，我与被访者就某个主题自由交谈，在这种"随意性"的聊天过程中，搜寻自己所需的信息。当被研究者渐入情境后，我开始对研究问题有所聚焦，逐渐进入半结构式访谈。在访谈开始之前，我准备好一份提纲性的、按照一定结构排列的问题，这些问题在访谈的过程中可以根据被访者的特点而改变。在半结构式深度访谈的过程中，我始终遵循着两个原则：第一，问题是事先部分准备的（半结构的），随着访谈次数的增多不断改进。作为整体的访谈是我和我的被访者的共同产物（joint production）；第二，就是要深入事实内部，也就是结合我的参与性观察、资料分析和访谈内容，理解被访者谈话内容的意义。质化研究强调研究者的倾听和被研究者的讲述，所以，在访谈过程中，我的提问多半是引导性的，通过诸如"为什么呢?"、"你当时是怎么想的?"、"你采取了哪些交际方式?"等问题去激发研究对象"讲故事"的欲望，进而将复杂的情境与思维展现出来。

访谈的目的在于收集与研究相关的材料。那么，我们如何去理解由被访者赋予了意义的访谈资料呢？"文化主位"[2] 视角提供了一个可行的建议。文化主位指的是研究者要放弃已有的立场与成见，努力了解被访者的背景，以被访者的视角看待问题。研究者必须进入被访者的情境，去理解他们的所思所想。这样，"进入被访者的肌肤"成了研究过程中关键的一步。当然，"进入被访者的肌肤"

---

1 陈向明. 质的研究方法与社会科学研究 [M]. 北京：教育科学出版社，2000.
2 有关质性研究中的"文化主位"问题，陈向明已做了详尽的讨论。参见陈向明的两篇文章：文化主位的限度与研究结果的"真实" [J]. 社会学研究，2001，（2）：1-11；什么是"行动研究" [J]. 教育研究与实验，1999，（2）：60-67.

是一种研究时所持的态度,完全做到这一点并不可能达到。[1]在本研究的访谈过程中,我尽量避免将自己的想法投射到被访者身上,杜绝以一种居高临下的姿态对被访者的看法做出正确或错误的判断。

(四)研究的伦理道德问题

质性研究倡导的参与、互动使得研究者能够获取被研究者的大量信息,但是研究者必须特别注意其中的伦理道德问题。帕顿(Patton)指出访谈者的任务"首要的是收集资料,而不是改变人们"。"但访谈者既不是一个法官,也不是一个医生,也不是一块冰了的厚花岗岩——对访谈中出现的有关人类的问题无动于衷,包括遭受巨大的痛苦和遭遇"。[2]对此,金墨尔[3](Kimmel)提出如下建议:第一,在进行研究之前考虑到将会出现的后果;第二,在考虑到最大可能有利于研究的前提下,呈现研究结果时做尽可能少的技术(歪曲)处理;第三,谨慎呈现研究结果。基于以上考虑,本研究主要采用以下几种方式保护被研究者的利益:

1. 坚持告知与自愿参与原则,让被研究者大致了解研究的目的以及材料的使用方式,自愿成为被研究对象。

2. 尊重被研究者,在对方同意的情况下使用摄像机、录音笔等设备。但在研究过程中,有些研究对象拒绝了我的录像请求。

3. 向被研究者承诺,研究对象所提供的资料只供本书研究使用。

4. 文中所涉及被研究者个人信息的地方,一律做学术上的技术处理。

5. 因为研究对象们的热情支持,研究者对研究对象予以物质上的感谢,除了请有的教师吃饭以外,还准备了一些小礼物。

整个研究的动态过程可直观地展现于下页图。

三、本书研究内容及研究意义

本研究着力探讨的主要内容包括以下五方面:

第一,二语教学以培养学生的语言交际能力为目标,课堂交际的效果直接影响教学质量的好坏。然而,通过上面的文献整理和分析,我们发现对外汉语学界的研究者们对课堂交际研究并未给予足够的重视,这方面的研究成果较少。从

---

[1] 王添淼.教育行动研究的认识论问题——由"局内人"视角引出的讨论[J].教育研究与实验,2009,(5):61-64.

[2] M. Q. Patton. *Qualitative Evaluation Methords (2nd ed.)* [M]. Thousand Oaks, Calif.: Sage, 1990.

[3] A. J. Kimmel. *Ethics and Values in Applied Social Research* [M]. Newbury Park, Calif.: Sage, 1988.

这个意义上说，本书关于对外汉语教师课堂交际的研究对对外汉语教学理论的建设和完善是具有价值的，有助于为对外汉语教学理论的研究提供一个新的视角和方法。

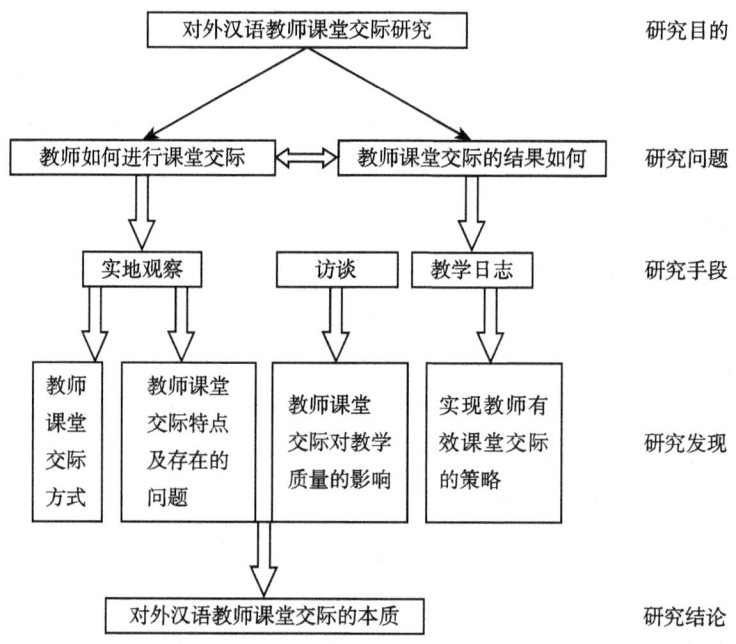

图 2　对外汉语教师课堂交际研究的流程图

第二，本研究是对已有对外汉语教师课堂交际研究方法的一种创新。已有的对外汉语教师课堂交际研究多集中于对教师课堂交际特点、类型和重要性的理论推导上，强调的是教师应该具备何种交际技巧。然而，课堂交际是教师和学生一种双向交际的过程，在过程中存在很多不确定性，教师需要掌握的不是一成不变的交际技巧，而是如何在了解交际对象的基础上运用恰当和合适的手段实现交际目标，从而提高课堂教学质量。所以，笔者的研究是以真实的课堂交际情境为背景，通过观察、访谈等方式呈现出了对外汉语教师课堂交际的方式、存在的问题及其影响、实现对外汉语教师有效课堂交际的策略，揭示了对外汉语教师课堂交际的本质和特征。本研究秉承着"从实践中来，到实践中去"、"一切来源于实践，一切又回归实践"的原则。

第三，本研究也将更多的关注课堂交际的另一交际主体——学生的体验，从学生汉语学习的心理角度进行研究。课堂交际是教师与学生双边互动的过程，而且对外汉语教学的目标是培养学生运用汉语进行语言交际的能力。所以，教师课堂交际的目的在于调动学生参与课堂交际的积极性，从而实现知识在师生间的有效流动。对对外汉语教师课堂交际的内容固然要考虑教学内容与教学计划，但更重要的是要结合留学生的汉语学习心理与学习过程。如果教师课堂交际不能有的放矢、因人而异，则将流于形式、失去应有的作用。

第四，本研究关注的是跨文化背景下的课堂交际。对外汉语教育学科的特点在于教育对象来自世界各地，具有不同的文化背景，因此，在课堂交际过程中难免会出现跨文化交际方面的冲突。这些问题是其他学科课堂交际所不曾涉及的，而且有关跨文化背景下对外汉语教师课堂交际的研究在国内尚属空白。

第五，本研究具有很强的实践价值，可为对外汉语教师的课堂交际提供理论支持和策略指导。课堂交际研究是对对外汉语教育过程的微观研究，涉及课堂交际中教师和学生使用语言和非语言行为的具体含义和作用，为教师在教学实践中使用交际行为提供理论依据，有利于教师们反思他们以往的交际经验，有意识地对自我课堂交际方式进行改进和完善。

小结

本章从课堂交际研究、第二语言课堂交际研究和对外汉语课堂交际研究三方面，对国内外的已有文献，包括网络资源和图书专著进行收集与详尽梳理，发现二语教学领域有关课堂交际的研究在不断深入和发展，不论是理论层面、实践层面，还是研究方法层面对本研究都具有一定的参考价值。然而，已有研究多倾向于教会或告诫教师如何进行课堂语言交际和非语言交际，以及这些交际行为的重要作用是什么。有关对外汉语教师课堂交际的研究，仍停留于一些学者在文章的某一处所提到的教师应该具备交际能力，或是对教师教学过程中动作表演作用的正面肯定，缺乏从交际的角度来认识对外汉语教学。有关课堂跨文化交际的研究也较为匮乏。我国二语教学课堂交际的研究仍局限于英语教学，对外汉语课堂交际的研究处于起步阶段。同时，已有研究的研究对象主要针对中小学课堂教学，或是针对所有年龄段、所有学科的课堂教学，过于宽泛。研究方法上主要包括三种：统计分析法、话语分析法和人类学方法。国内有关课堂交际的大部分研究，仍依赖于传统的科学方法，如实验法、测量法、统计法等，仍属于"逻辑—经验"范式，缺乏直观的洞察，其成果或结论离课堂生活较远，很难为一般人理解或者接受。基于此，本研究旨在弥补已有对外汉语教学课堂交际研究的不足，

"实然"的声音 ——对外汉语教师课堂交际研究

将已有的有关课堂交际研究的理论作为基础，对对外汉语教师课堂交际进行细致的描绘、动态的把握以及深入的分析和讨论。研究采用质化研究方法，从对外汉语教师课堂交际的真实情境出发，通过深入的理论探究和课堂观察、访谈，分教师年龄段及从教时间、分课型、分学生汉语水平等，有重点、有层次地开展对外汉语教师课堂交际研究。研究主要包括：对外汉语教师课堂交际方式；现有交际方式存在的问题及其对课堂教学质量的影响；对外汉语教师课堂跨文化交际中存在的问题及其影响；对外汉语教师课堂交际的有效策略；对外汉语教师课堂交际的内涵和特征等具体问题。本研究采用质化研究方法对对外汉语课堂交际进行研究，是对外汉语课堂交际研究方法上的创新。质化研究以真实的课堂交际情境为背景，秉承"从实践中来，到实践中去"、"一切来源于实践，一切又回归实践"的原则。而且，我们在研究中更多的关注课堂交际的另一交际主体——学生的体验。对外汉语教学的目标是培养学生运用汉语进行交际的能力。对对外汉语教师课堂交际的研究要结合留学生的汉语学习心理与学习过程，才能够有的放矢，实现应有的作用。所以，本研究在理论和实践层面对对外汉语教师课堂交际研究都具有重要意义。就其理论意义而言，本研究有助于拓展和丰富课堂教学研究的内容；有助于推进课堂交际"实然"层面上的研究；有助于验证交往理论在课堂交际研究的应用价值；有助于诠释建构主义学习理论在课堂交际研究中的理论意义；有助于更好地深化课堂教学中的跨文化交际研究。在实践意义方面，本研究有助于提高教师的课堂交际能力，有助于更好地提高课堂教学效益，也有助于提升教师的课堂管理能力。

第二章 对外汉语教师课堂交际研究理论探析

本书有关对外汉语教师课堂交际的研究主要以交往行为理论、跨文化交际理论和建构主义理论为基础。

第一节 交往行为理论与对外汉语教师课堂交际研究

"交往"是哈贝马斯（J. Habermas）哲学思想和社会学思想的核心概念，是其在吸取了米德、迪尔凯姆和帕森斯等人的社会学理论以及语言哲学成果的基础上，转向交往实践理性问题，建立了交往行为理论体系，从而把哲学研究的重心从认识论移向理解论，力求把注意中心从认识自然、改造自然引向人与人之间的相互理解活动和交往行动。[1] 交往就是主体间在实践中通过对话实现相互理解。哈氏进一步指出"交往行为"应该以我们的"生活世界"为背景。"生活世界"是哈贝马斯交往理论的一个至关重要的概念。他认为生活世界由文化、社会和个性三个要素组成："文化"是指可随时动用的知识储备，在此储备中，当交往的参与者们对属于某一个世界的事物相互交换看法时，可最大限度地做出他们的解释。"社会"是指那些合法的秩序，借助于这些秩序，交往的参与者调整着他们所隶属的社会群体的成员，并因而保证他们之间的团结一致。"个性"是指主体用以获得言语和行动功能的那种能力和资格，也就是说，由于这种能力和资格，主体取得了参与相互理解过程的功能，并在其中确定了他本身的身份和特征。[2] 正如哈氏所述："生活世界似乎是言语者和听者在其中相遇的先验场所；在其中，他们能够交互地提出要求，以致他们的表达与世界（客观世界、社会世界和主观世界）相协调；他们能够批判和证实这些有效性要求，排除他们的不一致并取得认同。"[3] 在此基础上，哈贝马斯提出了共识真理论，他认为任何对外在世

---

[1] 哈贝马斯.哈贝马斯的沟通伦理学 [M].蔡汉侠，审译.台北：结构群，1989.
[2] 参见哈贝马斯.关于交往行动理论的预备性研究和补充材料，转引自艾四林.哈贝马斯论"生活世界" [J].求是学刊，1995，(5)：9.
[3] 参见哈贝马斯.后形而上学思想：哲学文集，转引自艾四林.哈贝马斯论"生活世界" [J].求是学刊，1995，(5)：9.

界的了解都必然涉及了解者的演绎，而语句的真假值是由参与讨论者在相关的社群规范制约下而达致的共识（consensus）来决定的。这一真理是假设人有进行理性讨论的能力，而共识是参与讨论的人在没有条件外在和内在的压力和制约下进行讨论而达成的，从而实现交往的合理性。哈贝马斯认为只有在交往理性的要求下，一个社会或语言共同体的成员才能达到对客观事物的共识，保持和谐的人际关系，维护生活世界的合理结构。这就是哈贝马斯心中所蕴含的一种人类所希冀的理想生活方式，一种没有内外制约下的真诚沟通的人际关系。

通过简单地勾勒哈贝马斯的交往行为理论之后，我们发现，哈氏的理论至少在以下两方面对对外汉语教师课堂交际具有极大的启发性和适用性。

第一，对外汉语教师课堂交际植根于"生活世界"。

课堂是对外汉语教师与留学生最基本的交流渠道，教师的交际能力构建于课堂——教师和学生共同的生活世界。哈贝马斯认为，一方面，生活世界是由个体的能力以及直观的知识所构成；另一方面，生活世界又是由社会实践和直观知识所构成，正因为对这种实践和直观的信赖，行为者才能以这种知识背景做出他们对行为环境的阐释和建构其行为。对外汉语教师在课堂交际中是不可能孤立存在的，也不可能随意地发挥自身的主体性，而要在教师和留学生之间共识的范围内发挥自身的主观能动性。对外汉语教师的课堂交际是以达成师生间的理解和一致为目的的行为。所以，课堂交际能力是每一个对外汉语教师必须具备的教学能力，教师除了已经拥有的课堂交际知识和能力以外，更重要的是在课堂生活世界中，在和留学生的交流中，不断提升自己的课堂交际知识和能力；同时，对外汉语教师课堂交际能力的高低也影响着课堂生活世界的和谐与发展。

第二，对外汉语教师课堂交际以主体间性和共识性理论为基础。在传统对外汉语课堂教学中，作为知识传播者的"师"和接受者的"生"处于一种近乎上下级的关系。师生之间即使存在对话，也是基于此权威结构下的一种互动。对于对外汉语的课堂教学而言，教师可以使用不同的教学方法，但总有一种方法是共同和必须的，也就是第二语言教学需要很多的语言交流活动，即课堂交际（互动）。交际是对外汉语课堂教学的重要特征。根据哈氏的理论，教师和学生应是互为主体的。在对外汉语课堂交际过程中，师生应积极互动，共同发展，教学相长，在交际过程中实现相互平等、相互理解和融合、双向互动的交际特点和关系，使不同主体通过共识达成一致性。

第二节　跨文化交际理论与对外汉语教师课堂交际研究

交际是哲学、社会学、语言学、心理学和教育学等多个学科研究的对象，在学术语言和日常生活语言中的使用频率都很高。交际在不同的学科，有着不同的表述形式和研究重点，但对其内涵的认识基本上是一致的：交际是指人与人之间（包括个体与个体之间、个体与群体之间以及群体与群体之间）的相互往来、接触，是通过语言文字、身体动作或信号将思想、情感或信息传达给对方的过程。[1]

学者哈姆斯（L. S. Harms）认为跨文化交际就是指"具有不同文化背景的人从事交际的过程"。[2] 但是，学者们对"不同文化背景"的理解并不完全一致。Marshall Singer 认为任何两个人之间的交际都是跨文化交际。主要原因在于，首先，每个人都隶属于若干群体，而且，没有两个人隶属的群体是完全相同的。其次，即使在同一群体中，每个人的态度、价值和信念也不会完全一样。因此，在文化上每个人都应该被认为是独特的。[3]Porter 和 Samovar 把各种文化差异放在同一个标尺上进行比较，认为在文化差异上存在最大分歧的是'西方人和亚洲人"。[4]他们虽然不像 Singer 那样过分强调每个人在文化上的独特性，但也同样认为人们不同国籍间的文化差异与不同职业间的文化差异并无本质区别，只是程度上的差异。

综上所述，跨文化的研究大到东西方的对比，小到两个人之间的比较，中间还包括种族、民族、国家、地区、阶级、阶层、职业、性别、年龄等等。在研究对外汉语教师课堂跨文化交际时，究竟应从何处着手？我国跨文化交际学研究专家胡文仲认为，在进行跨文化交际研究时，研究者对文化内涵的理解至关重要。他指出"文化通常不是指个人的行为，而是指一个群体的生活方式和习惯。笔者以为做跨国、跨种族、跨民族研究不仅应该是跨文化交际研究包括的内容，而且应该是放在首位的。至于地区、阶级、阶层、职业、性别、年龄等不同层次的差异也应该给予关注。至于个人之间的差异的研究只是在我们把他们当作群体

---

[1] 余珍有.教师的交际行为研究——幼儿园教师语言的语用学分析[M].南京：南京师范大学出版社，2004.

[2] 胡文仲.跨文化交际学概论[M].北京：外语教学与研究出版社，2007.

[3] M. Singer. *Intercultural Communication: A Perceptual Approach* [M]. Pentice-Hall，1995.

[4] L. Samovar & R. Porter. *Intercultural Communication: A Reader.*（5th ed.）[M]. Wadsworth，1998.

的代表时才有意义。在研究一个国家的文化特点时,我们的眼光首先应集中在它的主流文化上,其次才注意它的亚文化和地区文化特点"。跨文化交际学研究的顺序可以是(如图3):[1]

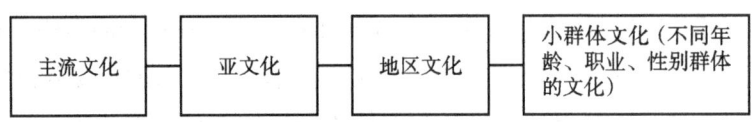

图3 跨文化交际学研究顺序图

有关跨文化交际学研究的内容,学者们也是观点各异。Richard Porter 认为应包括八个方面:态度(包括世界观、价值观、民族中心主义、偏见、成见等)、社会组织、思维模式、角色规定、语言、空间的组织与利用、时间观念、非语言表达。Porter 和 Samovar 提出跨文化交际学应包括三方面内容:观点(包括价值观、世界观和社会组织)、语言过程(包括语言及思维模式)和非语言过程(包括非语言行为、时间观念和对于空间的使用)。[2] 心理学家 Michael Argyle 认为可包括六方面内容:语言,包括礼貌用语;非语言交际;社会行为准则,包括赠送礼物等;家庭和同事的关系;做事的动力和动机;思想观念,包括受政治影响产生的观念。[3] 总体而言,学者们对跨文化交际学所应包括内容的看法基本一致。

以上有关跨文化交际学的理论对对外汉语教师课堂交际的研究在以下三方面具有很强的借鉴意义:

第一,对外汉语课堂教学的教授对象来自世界不同国家,每个学生具有不同的文化背景,课堂交际过程中必然会涉及多元文化在课堂中的冲突与共融。如果依据跨文化交际学理论,跨国家的文化交际问题是摆在教师面前的首要问题。

第二,跨文化交际学研究顺序的框架对本研究也有重要启发。对外汉语教师的课堂交际是注重各国学生的主流文化,还是具体到每个人,这些都是有待深思的。

第三,本书将在跨文化交际学已有研究内容的基础上,通过实地观察和访谈,进一步探究已有跨文化交际学内容中的哪些部分对对外汉语教师的课堂交际

---

[1] 胡文仲. 跨文化交际学概论 [M]. 北京:外语教学与研究出版社,2007.

[2] R. Porter. An overview of intercultural communication. In Samovar & Porter (eds.) *Intercultural Communication: A Reader* (1st ed.). Wadsworth Publishing Co, 1972.

[3] M. Argyle. Intercultural communication. In Samovar & Porter (eds.) *Intercultural Communication: A Reader* (5th ed.). Wadsworth Publishing Co, 1988.

具有重要作用，作用何在，以及这些交际内容如何才能更好的促进对外汉语课堂教学质量的提高。比如，传统的中国文化强调"师道尊严"，注重教师的尊严与权威，他们在教室占据主动地位。但是，当具有多元文化背景的留学生进入课堂时，至少会带来两个问题：一是他们对"师道尊严"的接受程度可能存在差异；二是课堂权威结构可能压制具有多元文化背景的留学生思考、提问以及与教师的互动。那么，对外汉语教师运用何种交际方式来避免这些交际障碍，从而实现课堂教学的最优化呢？这些都是本书要探讨的内容。

第三节 建构主义理论与对外汉语教师课堂交际研究

建构主义（constructivism）是认知理论的一个分支，是学习理论中行为主义发展到认知主义以后的进一步发展。建构主义在教育领域的兴起始于二十世纪八十年代末，它是一种关于知识的来源和学习的本质的理论。建构主义的最早提出者可追溯至瑞士的皮亚杰（J. Piaget）。他指出，儿童是在与周围环境相互作用的过程中，逐步建构起关于外部世界的知识，从而使自身认知结构得到发展的。所以，在建构主义者看来，学习不是一种刺激——反应现象，它需要自我调节，学生才是信息加工的主体、知识意义的主动建构者，教师只是起辅助作用的组织者、指导者、帮助者和促进者。学习过程并不简单是信息的输入、存储和提取，而是新旧经验之间双向的相互作用过程。知识也不是外在的，不是通过教育者传授获得的，而是在动态互动中形成的，通过人际间的协作活动而实现意义的建构，获得知识的多少取决于学习者根据自身经验去建构有关知识和意义的能力。在这个学习环境中，情境的创设应该有利于学生对所学内容的意义建构，与他人的协作必须贯穿于学习过程的始终。因此，情境、协作、会话和意义建构是建构主义学习环境不可缺少的内容。

学生汉语学习主要包括两方面：汉语的语言形式和语言意义。语言形式侧重于基本的语音、语调，汉字的基本结构，词汇和语法结构的学习。语言意义的学习则是在掌握基本的语言形式以后，学生在交际过程中对语言形式的灵活运用，从而实现语言形式的交际意义。建构主义理论反映在对外汉语教学中，表现为对外汉语教师应该以学生为中心，而非以教师为中心。教师在教授语言形式时，虽然有必要的机械操练模式，但更多的是一种语言意义训练，教学的目的不在于提高学生记忆和背诵教师讲授内容的能力,而是要提高学生运用汉语进行交际的能力。所以,对外汉语教师应首先提高自身的课堂交际意识,从而为学生创设一种协作的、对话式的交际情境,在情境中,教师和学生之间进行新旧知识的对话,发挥留学生的主观能动性,知识也就建构于这种师生间共享的积极互动之中。交际是对外汉语课堂教学中最为重要的活动,"教室('classroom'in its physical meaning)"是此活动的物理场所,"课堂('classroom'in its social meaning)"是此活动的社会情境,而师生间的交际恰恰就深嵌(embedded)于二者之中。课堂教学中的交际也是一个教师与学生、经验与意识之间协调信息的过程。这种协调意味着对外汉语教师应积极地和批判性地倾听对方在说什么。目的不在于阐释学生想法的正确与否,而是要激发学生的积极性,提高汉语交际意识与能力。知识的流动和学生的学习正是在师生的交际过程中,即课堂的交际情境中建构和生成的。

上述理论之间的关系如下图所示:

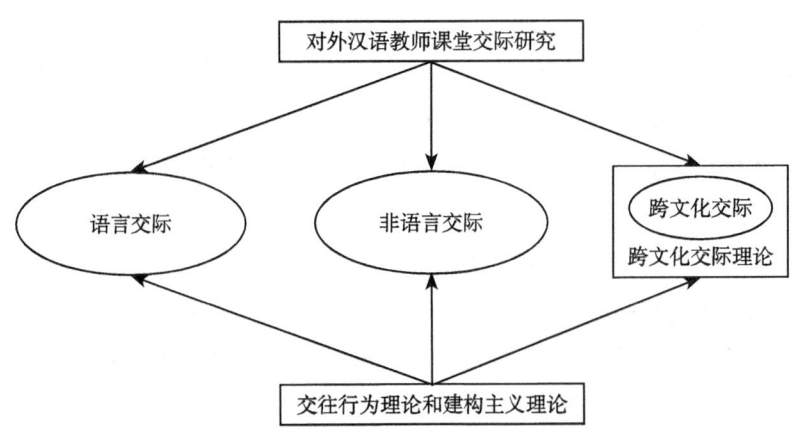

图 4 对外汉语教师课堂交际研究概念框架图

交往行为理论、跨文化交际理论和建构主义理论是本研究方法设计和实施的理论基础。正如前文所述,跨文化交际理论是指导本研究有关对外汉语教师跨文化交际的研究;交往行为理论是指导整个对外汉语教师课堂交际研究的理论基础;建构主义理论贯穿于对外汉语教师课堂交际研究始终,因为对外汉语教师课堂交际是在师生共同创造的情境、协作、对话和意义建构的过程中实现的。但是,这些理论的解释力还需要来自研究过程中所搜集到资料的进一步支持。

小结

哈贝马斯建立了交往行为理论体系，把哲学研究的重心从认识论移向理解论，引向人与人之间的相互理解活动和交往行动。哈贝马斯认为交往就是主体间在实践中通过对话实现相互理解，"交往行为"应该以我们的"生活世界"为背景。在"生活世界"中，言语者和听者能够交互地提出要求，以至他们的表达与世界（客观世界、社会世界和主观世界）相协调；他们能够批判和证实这些有效性要求，并排除其中的不一致而取得认同。在此基础上，哈贝马斯提出了共识真理论，假设人有进行理性讨论的能力，而共识是参与讨论的人在没有条件外在和内在的压力和制约下进行讨论而达成的，从而实现交往的合理性，维护生活世界的合理结构。所以，对外汉语教师课堂交际的研究也应该植根于"生活世界"，并以哈氏的主体间性和共识性理论为基础。本研究的"生活世界"即课堂，课堂是教师和学生共同的生活世界，是最基本的交流渠道。对外汉语教师在课堂交际中是不可能孤立存在的，也不可能随意地发挥自身的主体性，教师课堂交际能力的高低影响着课堂生活世界的和谐与发展。教师应该和学生互为主体，积极互动，在和留学生之间共识的范围内发挥自身的主观能动性，在交际过程中实现相互平等、相互理解，以及融合与双向互动的交际特点和关系，和学生通过共识达成一致性。同时，对外汉语课堂交际属于跨文化交往。教师和学生都来自不同的国家，具有不同的文化背景。文化的不同是导致跨文化交往中出现各种问题的重要原因。正如胡文仲所述："文化通常不是指个人的行为，而是指一个群体的生活方式和习惯。笔者以为做跨国、跨种族、跨民族研究不仅应该是跨文化交际研究包括的内容，而且应该是放在首位的。至于地区、阶级、阶层、职业、性别、年龄等不同层次的差异也应该给予关注。至于个人之间的差异的研究只是在我们把他们当作群体的代表时才有意义。在研究一个国家的文化特点时，我们的眼光首先应集中在它的主流文化上，其次才注意它的亚文化和地区文化特点。"所以，本书有关跨文化交往的研究首先关注的是国家层面的文化差异性。而且我们也会以学者们已提出的跨文化交际学所应包括内容的研究为基础，具体探讨已有的跨文化交际学内容对对外汉语教师课堂交际研究的重要作用，以及这些交际内容如何能够更好地促进对外汉语课堂教学质量的提高。比如，传统的中国文化强调"师道尊严"，但是，当具有多元文化背景的留学生进入课堂时，一方面他们对"师道尊严"的接受程度可能存在差异;另一方面课堂权威结构可能压制具有多元文化背景的留学生思考、提问以及与教师的互动。这些都是亟待探究的。再者,语言教学主要包括两方面:语言形式和语言意义。教师在教授语言形式时,虽然有必要的机械操练模式,但更多的是一种语言意义训练,教学的目的不在于提高学生记忆和背诵教师讲授内容的能力,而是使学生在交际过程中能够对语言形式灵活运用,从而实现语言形式的交际意义。情境、协作、会话和意义建构是建构主义学习环境不可缺少的内容。所以,建构主义理论也是本研究的重要理论基础。教师应为留学生创设一种协作的、对话式的交际情境,情境的创设应该有利于学生对所学内容的意义建构。在情境中,教师和学生之间进行新旧知识的对话,并使协作贯穿于学习过程的始终。

第三章　语言交际：课堂的有声世界

　　语言是工具袋，囊括着各种各样用途各异的工具，语言的意义即取决于它的用法，尤其是在特定语境中的使用，衡量意义的标准则是我们共同生活于其中的各不相同的生活方式所组成的现实世界，只有把语言与人们的生活联系在一起，才能真正理解语言的意义；语言不仅是传递信息的手段，其本身也对传递信息的构成具有至关重要的作用。

——维特根斯坦[1]

　　教育的艺术，首先是说话的艺术，同人心交流的艺术。教师的语言是一种什么也代替不了的影响学生心灵的工具。

——苏霍姆林斯基[2]

　　教育是培养人的社会活动。学校情境中的教育教学活动，是学生在教师有目的、有计划的指导下积极主动的探索过程。语言是师生进行交流的先决条件，教师语言不同于一般语言，而是一种职业专门用语，教师用语言向学生传授知识，传递人类文化。在实际的课堂交际过程中，对外汉语教师是如何在言说中把枯燥的语法知识与生动的例句和对话联系起来，把博大精深的中华文明与学生熟悉的生活体验结合起来，将知识与情感相交融，将节奏与色彩渗透于教学？学生又是如何在教师的感染下，用言说表达自己的疑问、好奇、不解和焦虑，表现自己的欢喜、兴奋和欣慰，化紧张为轻松，化陌生为熟悉？根据笔者对教师课堂交际的观察，以及对教师和学生有关教师课堂语言交际的访谈，发现教师在课堂语言交际中使用较多的是提问、引导和评价的语言交际方式，而且对外汉语教师还有一种特殊的语言交际方式，就是王丽云老师所说的"适合学生水平，便于学生理解的"对外汉语教学中教师的调适语言。教师这些不同的语言交际方式在对外汉语课堂教学中具有不同的作用，学生在教师的语言中体验、生活和成长着。

1　维特根斯坦.哲学研究[M].北京：生活·读书·新知三联书店，1992.
2　苏霍姆林斯基.教育的艺术[M].肖勇，泽.长沙：湖南教育出版社，1983.

第一节 "活跃思维"：教师的提问

在课堂上，我们的很多时间都用在了提问上面。问什么？怎么问？这些是我们一直在思考的问题。我觉得最重要的是，教师要清楚提问的目的是什么，就是要让学生的思维更加活跃。

——李卫东

对外汉语教师的提问和学生的回答在课堂教学中占有很大的比例，根据笔者的观察和统计，教师的提问和学生的回答大约占去了一半的课堂时间，有的教师甚至用去了 70% 到 80% 的授课时间，无论是课堂教学活动的开始阶段，还是教学活动进行过程中，或是课堂教学活动结束的时候，提问都是最普遍、最主要的课堂交际方式，而且提问的质量直接影响教学的质量。

对外汉语的教学对象大多是成年人，他们已经具有注意信息、输入信息和加工信息的认知能力，"提问——思考——解答（回答）"的过程实际上就是"输入——加工——输出"的过程，教师向学生进行提问就是信息输入，学生思考的过程就是信息的加工过程，学生的回答是向教师输出信息。在此问题解决的过程中，学生不是被动地接受外界刺激并对其做出反应，而是对输入的信息以一定策略进行加工处理，经过决策以后输出的一种主动寻求信息的过程。作为课堂主体的学生在不断的循环中，修饰着自己的汉语表达，从而使自己的表达更易于理解。

老师们觉得：提问可以启发学生使用某一特定的语法结构或者词汇；检查学生对教师讲授的理解程度；可以随时监督学生的学习状态；提问还可以发挥学生的主观能动性，让学生的思维处于活跃状态，有利于学生持续参与课堂对话。

虽然教师们都认为"提问很重要"，但是在实际教学过程中教师们提问的数量、难易度、问题的类型、问答的方式、候答时间、学生回答机会是否均等，以及是否需要在备课时进行提问的准备等方面都有着各自不同的想法和做法。

一、问题类型

笔者选择了李卫东老师和王冉老师的中级口语课，主要对这两位老师的问题类型和对教学效果的影响进行了比较分析。两位老师教授的学生水平都为中级偏上水平，他们正在教授同一本教材的同一篇课文《买车还是租车》，一节课50分钟。笔者通过整理课堂笔记和录像资料，归纳了两位老师课堂提问的类型。大致分为三种类型：

第一是程序性问题。两位老师都有一些用来组织日常教学的与教学内容没有直接关系的问题。王冉老师说："这都是一些程序上的问题，但却是每节课必问的问题。"李老师有8个程序性问题，王老师有5个程序性问题。比如下面的几个问题：

你们的作业都写完了吗？
明白我的意思吗？
XXX读一下生词，好吗？
谁想回答这个问题？
谁能说说什么意思（谁能解释一下）？还有吗？

第二是趋同性问题，即他们要求学生就一个中心问题做出答复，回答这些问题不需要做深入思考，一般与教学内容有很大的相关性，也就是李老师说的"答案比较固定的问题"。李老师的趋同性问题有3个，王老师趋同性问题有6个。比如：

你有驾照吗？
你喜欢自己开车吗？
你有自己的汽车吗？
你租过车吗？
你的朋友租过车吗？

第三是趋异性问题，即两位老师要求学生深入思考后，能用自己的语言进行回答的问题。它不是简单的有关时间、地点、任务的提问，其回答也要有一定的概括，不仅仅是"是"或"不是"、"有"或"没有"这种肯定性或否定性的回答，也就是李老师说的"比较开放的问题"。仍是《买车还是租车》这篇课文，李老师的趋异性问题有8个，王老师的趋异性问题有1个。在学生对本课词汇和课文有了深入的了解以后，教师们提出了如下的趋异性问题：

你更喜欢买车、租车还是打车，为什么？
如果你想买车，你没有足够的钱，你打算借到钱后一次性付款还是分期付款？

你开车时发生长时间的交通堵塞，你会怎么办？

私家车越来越多，很容易造成交通堵塞，你有什么办法减少交通堵塞吗？

买车就要花钱，这样可以促进消费，你同意吗？为什么？

虽然两位老师的教学内容和提问类型相同，但是每种问题的数量，以及提问的教学效果却不太相同。王老师主要集中于程序性和趋同性问题，提问次数12次。课堂上学生的积极性不是很高，有的学生一直低着头，举手回答问题的学生较少，所以，王老师有时不得不点名回答或自问自答。

我：您在课堂提问时，对教师提问的问题类型有什么考虑吗？

王老师：有啊，我觉得问题类型不能太单一，应是多样性的。但是现实中很难实现，首先是教学进度问题，如果很多问题需要学生长时间的思考和复杂的回答，那么就会占用太多教师讲解的时间；其次还要看学生的反应，我觉得我们班的学生都比较内向，我的问题并不是很多，而且也不太难，都是从课本上就可以找到的答案，但是我发现他们的积极性并不是很高，所以如果问题过于复杂，可能更没有学生愿意参与了。

我又找到了王老师的几个学生。

我：刚才上课的时候，我看到你们一直低着头，有的没有举手回答过问题。为什么？

学生1：（笑了）问题太简单吧，不用回答。

我：你们喜欢什么样的问题？

学生2：我们的汉语不太好。可是"是"和"不是"的问题没有兴趣，太容易的也没有兴趣。我们喜欢"自己觉得怎样"的问题。

李老师提问次数20次，有三种问题类型，而且仅提了3个回答"是"与"否"或者课文上直接能找到答案的问题，提问了8个需要学生进行分析表达自己观点的问题。李老师一节课讲了4段，王老师讲了3段。李老师提问次数多、问题类型也多，教学进度较快，课堂气氛活跃，很多问题提出后，笔者都可以从学生的表情和举手情况看出学生参与的热情。那么，李老师又是如何思考这些问题的呢？

李老师：说实话，刚当教师时，我提问的次数和问题类型也比较少。因为我心里一直在考虑进度问题，只是自己一味的讲解。随着教学阅历的丰富，我也在不断反思，如何让提问在课堂教学中实现最佳效果。我意识到提问次数的增加只是第一步，更重要的是问题类型也要多样。所以，我的课上有只需一两个字就可回答的小问题，也有要求学生用一段或数段话语才能回答的大问题，有要求按课文内容回答的比较固定的问题，也有要求个人自由发挥的灵活的比较开放的问题。

我：您的大部分问题都是比较开放的，让学生根据课文内容或运用课文词汇，经过深入思考后需要成段表达的问题。您觉得这些问题类型有好坏之分吗？

李老师：这些问题类型都是很必要的，很难说哪种问题类型好，哪种不好。一般来说，上课的时候，为了调动全体学生的积极性，这些问题类型都会用到。事实上，在对外汉语教学中，教师和学生首先要实现的目标是，某个问题"用汉语怎么说"，也就是对语言形式的掌握；其次要回答"是什么"、"怎么样"、"为什么"，也就是语言意义的应用。第二个目标应以第一个目标的实现为基础。所以，教师可以先向学生展示某种语法结构，通过提问、做练习等方式让学生对某种语言形式进行机械操练，逐渐加深学生对句型的记忆，这些问题的答案往往比较固定。在学生牢固掌握语言形式的基础上，再进行情境练习，选取适当的语言形式进行交际，这时问题较为开放，难度较高。总之，最重要的是让学生有话可说，而不是保持沉默，无言以对。但问题也不能太开放，所有的问题都应紧紧围绕本课的教学内容和目标。

李老师的这些话也让我想起了在宋雪娇老师班上听课时的情境。宋老师教授的是《初级汉语口语1》。在这本书每一课的练习中都有一道题是"替换练习"。如：

我 喜 欢 又 <u>酸</u> 又 <u>甜</u> 的。
　　　　　　大　　　甜
　　　　　　酸　　　辣
　　　　　　好吃　　便宜
　　　　　　便宜　　漂亮

宋老师通常情况下，会把这道题留作作业，让学生写在本子上，下次上课时大家一起做，也就是教师让学生一个一个地读出来，然后翻译成英文，看看学生是不是明白了意思。宋老师已经讲到了第五课，正在检查这个作业。轮到朱世安同学了，他读完汉语句子以后把它译成了英文。正当宋老师准备叫下一个学生的时候：

朱世安：有问题。我们为什么做这个？
宋老师：做哪个？
朱世安：这个 substitution。这个很容易，都写了在书上。No challenge。

（这时另一个叫卢里安的学生用英文解释了这个练习的意义。他的大概意思是，这个题是让我们练习这课出现的重要句型，帮助我们复习汉字还有发音。）

朱世安一边听卢里安的解释一边说：太容易！我们要自己做 sentence.

（这时班里的其他同学也用英文展开了讨论，有的汉字不好的学生觉得这个题很好，帮助他们复习以前的生词和发音，而且进一步明白句型的用法，加深了理解；也有的学生和朱世安的想法一样。）

宋老师一直微笑着，认真地倾听学生们的谈话。她说："世安的主意 idea 很好。我们先替换练习，substitution；然后我会让你们用这些句型 sentence pattern 做对话 make dialogues。"

教师们的这些课堂交际情境都证明了每一种问题类型都有它的作用。比如，李卫东老师为了把学生引入他今天要讲授课程的内容，会问学生"你有驾照吗？""你租过车吗？"，这样的趋同性问题虽然很简单，没有挑战性，但是它的作用是让学生初步了解本课的学习内容和明确本课的学习目标，引导学生从心理上创造一种对学习起推动作用的活跃气氛。宋雪娇老师会让学生做替换练习，虽然有的学生觉得枯燥，但是很多学生也意识到了这种练习的好处，它能够帮助学生加深理解并消化和巩固学到的知识。教师也会让学生用指定的词语和句型造句或做对话，这有利于学生将学到的语言知识转变为语言技能。

通过对这些教师课堂交际情境的观察，我们也会发现无论是初级水平的学生，还是高级水平的学生，他们对"是"与"否"这类比较简单的趋同性问题都没有什么太大的兴趣。老师们就此问题也提出了一些建议：可以让学生运用所学的语言知识解决一些实际问题，增强学生的操练兴趣，这样既提高了记忆的准确度，也降低了记忆的难度。比如宋雪娇老师让学生用"头疼、感冒、休息、病"设计一个向老师请假的对话。教师也可以让学生做一些分析性或评价性的问题，比如李卫东老师问学生"如果你想买车,你没有足够的钱,你打算借到钱后一次性付款还是分期付款?""你觉得男女平等吗?为什么?",这样的问题一方面可以提高学生使用大量的词汇和复杂句式的能力,另一方面也避免了一种答案,让学生回答和期待别人回答的兴趣都会降低的情况。不同的问题类型可以让学生产生强烈的好奇心,增强他们对外界信息的敏感度,进而对新情况的出现和新发生的变化及时做出反应,从而激发思考和汉语学习的欲望。就像李卫东老师班里的学生那样:思维是活跃的,发言是踊跃的。

二、问题难易度

情境　陈丹阳老师的中高级阅读写作课

陈老师:你们觉得孩子的生活悠闲吗?

学生们:悠闲、是。

陈老师:你们觉得农村的生活悠闲吗?

学生们:悠闲。

陈老师自言自语道:很好,看来你们都明白"悠闲"的意思了。我们看下一个词。

陈老师举的有关"悠闲"的实例还是比较恰当的,但是她教授的是中级偏上水平的汉语学习者,学生已经具备了一定的成段表达能力,陈老师在问完"你们觉得孩子的生活悠闲吗?",学生回答以后,如果能进一步追问"为什么呢?"或者设计有关"悠闲"这个词的问题就更好了。比如可以问学生"你们觉得什么样的生活是悠闲的?为什么?",这样既活跃了学生的思维,也便于教师了解学生是否真的理解了"悠闲"一词的含义,学生也有机会进行语言表达。在观察中,我发现学生在成功回答能够展示自身汉语水平的问题以后,会有一种获得新知识的满足感和成就感,并逐渐萌发一种以使用目的语为乐的感觉。比如,学生不仅会露出会心的笑容,在宋雪娇老师的课堂上,我还看到当有的学生在成功地用汉语回答了同学们都认为很难的问题时,别的学生会为他鼓掌,有的美国学生还会用拳头与表现出色的学生的拳头互相撞击,用这种动作为他喝彩。

陈老师的问题显然太容易,但是教师的问题也不可以太难。比如,前文提到的宋雪娇老师的初级口语课堂上的替换练习,有的学生觉得替换练习"太容易，no challenge"，有的学生觉得这个练习是很必要的。试想，如果宋老师跳过了这个替换练习，直接让学生用指定的词语和句型根据情境做对话，可能有的学生又要"无言"或是"言之甚少"了。就像笔者在宋志文老师班上见到的情境：

宋老师教授的是中级偏上水平的汉语学生。这篇课文一共有31个生词，根据课文内容，前半部分涉及17个生词，宋老师只挑选了6个生词进行讲解。而且在讲解的过程中，并没有让学生进行词语造句等练习。宋老师也没有在上一次课让学生预习这些生词。

讲解后，宋老师问学生：有问题吗？

没有人回答。

于是，宋老师进入到下一个教学环节。他把全班学生分成4组，每组3个人，每组选择8个生词做一个对话，每个人最少说3个句子。完成时间是15分钟。学生们在对话过程中，仍旧像往常一样讨论得很热烈。但是，时间却一分一秒地走过，学生们仍在讨论着各自的对话。

宋老师的表情有点着急：还有一分钟。

宋老师在组与组之间来回走着，询问着对话的编写情况，很多小组只用了3个词，还有5个词没有编进对话。而且对很多词的用法都不太清楚。

20分钟过去了，宋老师只好说：这样吧。我们先做到这里。我再讲一下大家不太明白的词，你们先用这些词造几个句子，然后再开始对话练习。

最近一个月我都在宋老师的班上听课，班里的大多数学生学习都比较用功。宋老师这个用词语做对话的方式也是他经常使用的。一般情况下，学生15分钟就可以完成。

宋老师告诉我：看来只凭我的讲解是不够的。虽然这些学生的汉语水平都比较高，有的学生觉得造句很容易。但是每个学生的水平都是有差距的，不可能每个学生都达到直接做对话的水平。

对外汉语教师不仅要有标准的语音、清晰的表达，在遣词造句和问题提出方面还要照顾到学生掌握语言的程度，应该时刻根据学生的水平设计问题的难易度。在访谈时，李卫东老师对问题难易度的把握谈了自己的感受：

问题的难易度要根据学生的水平。记得刚当教师时，我对提问的难度也掌握不好，经常是些很简单的问题。我就发现学生回答的积极性很低，尤其是同一个班里语言水平高的学生。随着教学的不断深入和对学生汉语水平的了解，我开始适当增加一些难度高的、需要深入思考的问题，发现效果很好。而且我原本以为只有高级汉语水平的学生喜欢辩论这种练习形式，可是后来我发现中级水平的学生对此也很有兴趣。比如《买车不如租车》这课，我上课的时候没有问简单的"你喜欢买车还是租车"的问题，而是提出一个具有辩论价值的问题。课文里已经提到"自己的车想什么时候开，就什么时候开，想上哪儿就上哪儿。开别人的车，得处处小心……"等等，所以，我们不必再问类似"自己有车的好处是什么"这样的问题，而是给学生出一个辩论题目"发展家庭汽车的利弊"，这样学生既要引用课文，又可在此基础上自我发挥。这样一方面实现了有关固定词汇和句式的语言形式的练习，也有语言意义的练习，具有挑战性，也为学生提供了充分展示自己语言水平的机会。

　　从这些老师的经历中，我们也可以发现，教师对于问题难易度的把握不是一蹴而就的。首先，虽然教师知道他教授的教材是初级或是高级，教师能够看到教材的内容，可是当教师还没有接触到这些学生时，尤其是刚从教几年的教师，仅凭书面材料是难以界定何谓汉语初级水平和高级水平的。教师对学生汉语水平的清晰界定需要一个较长周期的教学实践，就像一位对外汉语教师曾经告诉我的："当了这么多年教师，我现在只要听到一个外国人说中文，听了几句我就能大体判断他的汉语水平，他应该学哪本教材。"其次，有的教师虽然清楚何谓初级或是高级汉语水平，但是同一个口语水平的班级里，学生们的汉语水平仍然存在差异。所以，对外汉语教师如果想将问题的难易度控制得更好，实际上是需要教学经历的累积，这是一个教师与学生不断磨合的过程。Long 的互动假设（interaction hypothesis）理论也肯定了这一点，在这一理论中，他特别强调了意义协商对语言习得的重要作用。他认为，通过互动中的意义协商，不仅学习者可以更加充分地注意到自己目前的过渡语系统与目的语之间的不同以及目的语中自己一无所知或知之甚少的地方，同时语言教师也会对学生的目的语水平有更为清晰的了解和把握。[1] 同时，研究表明，一般情况下，学生对过去经历过并获得成功结果的事情易发生兴趣；对符合本人能力水平的活动易发生兴趣；对新颖的、能

---

[1] M. H. Long. Native speaker/non-native speaker conversation in the second language classroom [A]. In M. Clarke and J. Handscombe (eds.) on TESOL's 82 *Pacific Perspectives on Language Learning and Teaching* [C]. Washington D.C., TESOL, 1983.

引起好奇和注意的事物易发生兴趣。[1] 所以，教师的提问不仅要富有新意，更要适合学生的语言表达能力和学习经验。

三、一成不变的问答方式

在听课的过程中，我发现老师们有着不同的问答方式：有的问题要求全班一起回答，有的要求小组回答，还有学生个体回答的方式。有的老师一节课下来，只有一种问答方式，或是全班一起回答，或是学生单独回答；而有的教师一节课里却运用了多种问答方式。不同的问答方式对教学效果也有一定的影响。

艾琳：我喜欢自己回答。老师可以改我的错误，知道我的汉语水平。对我的汉语提高有好处。

李约克：我喜欢小组回答。我可以和大家讨论，讨论的时候每个人可以说很多句子，我可以听别人的，别人也可以听我的，听不懂的，我们也可以问互相，还有讨论。

马卡斯：我喜欢一起回答，老师不能知道我的错误和我知道还是不知道。

学生们有着各自的想法。那么老师们又是如何思考的呢？

李卫东老师：集体回答的好处在于可以扩大提问的覆盖面，营造热烈的课堂气氛，提高全体学生的参与程度。但是，教师必须适当运用集体提问，不能滥用。因为集体回答，有时会打击一部分学生的积极性，也可能助长了某些学生的惰性，最终影响学生汉语思维能力和交际能力的提高。我觉得对于"是"与"否"这类答案固定的，或者时间、地点、人物等需要简单记忆的某些问题，教师可以采用全班集体回答的方式来进行检查，但是对于某些较为复杂的语言点或者趋异性问题的提问，就不适于用全班回答的方式。

陈平老师：个体回答的方式可以为学生提供展示自己汉语水平的机会，有利于激发学生的参与热情，提高学生的学习兴趣，但同时也会减少汉语水平较低的学生的参与积极性。所以，我们很难说集体回答方式好，还是个体回答方式好，而是要适当使用。

教师提问，集体回答或是个体回答的方式都是对外汉语教学中比较常见的。在李佳慧老师的课堂上，我看到了一种新颖的问答方式。李佳慧老师在根据课文

---

[1] 陈录生，马剑侠. 新编心理学 [M]. 北京：北京师范大学出版社，2005.

回答问题这个环节中,让学生们互相提问和回答。一个学生根据课文提出一个问题;然后,这个学生选择班里的一个同学回答他的问题;第二个学生回答完问题以后,再提出一个问题,他再挑选下一个学生。最后,老师再根据课文的重点和学生提问的难度进行补充提问。

我:如果学生提的问题思路不对,或是太简单了,怎么办呢?

李老师:的确是,这样的问答方式需要教师有一定的教学经验,能够预测学生可能提出的问题。我的办法是,教师可以先示范性地提出几个问题,然后再开始学生间的问答。比如教师在学生阅读课文以前,可以先提出几个与课文有关的问题,或从文章题目预测文章内容,或从文章上段推测下段的内容,或让学生总结段落或课文大意,或者找出课文中不懂的词汇或句式等,先帮助学生对文章有所理解。如果学生不能马上回答出来或回答得不准确、不完整,教师可以通过提问进行启发,或者用关键词进行提示,从而引导学生把握提出问题和回答问题的重点。当学生掌握了此种问答技能以后,接下来的教学就可让学生依次轮换问答。

教师们凭借丰富的教学经验对各种问答方式的利与弊有较为透彻的了解。就像陈平老师所述:"教师的问答方式应是有所变化的,一成不变的问答方式当然是不可取的。"对外汉语教师在教学中既要认真备课,提出符合学生学习心理、汉语言规律和汉语水平的问题,让每个学生都能"有话可说,有所收获"。同时,也应该引导学生积极思考、提出问题。有人说"会学习的人就是会提问题的人",问题的提出是解决疑难、达到更高目标的前提。学生互相问答的好处在于可以调动每一个人的积极性,更好地检查学生对课文的理解。学生们普遍认为"提出问题往往比回答问题更难"。学生互相问答的方式极大地发挥了学生的学习自主性,实现了知识的自我建构。对外汉语教师不仅要传授汉语知识和文化,更重要的是教授和培养学生有效的汉语学习策略。大量研究也表明,学生的学习可以从产生自己的问题中得到提高(Foos, Mora & Tkacz, 1994;Wittrock, 1991)。提问能力也是最基本的交际能力之一,特别是汉语的提问方式,尤以特指问句中的疑问代词最为复杂,不像英语、日语等语言中的问句那么有规律,因此有的学生学了一段时间的汉语,提问能力还是不强。[1]

---

[1] 崔永华,杨寄洲主编.对外汉语课堂教学技巧[M].北京:北京语言大学出版社,1997.

在访谈中，很多教师都有过同样的体验：无论在课上还是课下，能够提出问题的学生往往是学习努力、成绩较好的学生，而提不出问题的学生并不是掌握了全部的内容，而是问题太多，不知从何提起。所以，李佳慧老师这种学生互问互答的方式也是一种值得借鉴的问答方式。

四、被遗忘的候答时间

情境　刘涛老师的高级汉语课

（此篇课文已经讲完，刘老师正在复习，让学生根据课文回答问题）

刘老师：隋唐灭亡的原因是什么？李飞龙你回答一下。

（刘老师问完问题后，立刻叫了李飞龙的名字）

李飞龙：因为……

刘老师：好，林天阳你回答一下？

（刘老师没有给李飞龙任何的候答时间，他的表情有些失望，迅速地叫了下一位同学，林天阳顺利地回答了这个问题）

刘老师：唐朝对世界文化有哪些影响？谁想回答？

（没人举手，刘老师很快地叫了一个学生来回答）

刘老师：陈碧霞你回答一下？

陈碧霞：影响有……

刘老师：好，谁能回答这个问题？

（有两个同学举起了手，于是他们中的一个回答了这个问题）

在刘老师的课上，大部分的问题都没有候答时间，或者候答时间很短。而且，刘老师还倾向于对成绩低（教师期望的回答也少）的学生很快放弃，几乎没有候答时间。所以，在刘老师的课堂上，回答问题的就是几个学习较好的学生，而很多学生都是害怕老师叫他们的名字，也从未举手回答过问题。

有的学生对我说：虽然我们的汉语水平比较好，但是有很多问题还是挺难的，我们需要时间想一想，可是老师每次都很快。我们回答不上就会没有"面子"，也不喜欢回答问题了。

有的学生说：我们都是提心吊胆的。

教师没有留给学生思考的时间，或者等候的时间越短，学生回答问题的机会就越小，参与回答的学生也就越少。

但是，在王丽云老师的课堂中，不论是成绩高的还是低的，王老师都会很有耐心地等待学生的回答，而且在等待学生回答或是学生没有参与的表示的时候，王老师好像在与学生们一起思考，她的目光和表情也表示出她对学生积极的期待。因此，在王老师的课堂上我们会看到学生积极思考的表情，以及争先恐后回答问题的情境。

王老师：提问时足够的候答时间很重要。刚当教师时，我也是提问完就让学生回答，结果学生的参与率和参与性都很低。没有候答时间的结果是只有几个学得很好的学生不断回答；这当然也就造成第二个后果，其他学生参与的积极性越来越低。

笔者发现当教师把等待时间延长到6秒左右的时候，会有更多的学生参与到课堂活动中来。尤其是对外汉语教学，教师发问后，学生不仅要启动短时记忆系统去接收、理解教师的问题，然后再设法启动长时记忆来寻求答案。同时，学生还需要更长的时间对目的语提问进行理解，接着还需要时间用目的语来构建答语。正如一个泰国学生告诉我的："我先把老师的问题翻译成泰语，然后找答案，接着必须把答案从泰语翻译成汉语，回答给老师。"但如果等待时间过长以至于会对课堂的连续性造成影响的时候，教师们也会适当地缩短候答时间，及时进行反馈。过长的等待时间一方面会使教学节奏受到延缓甚至破坏，另一方面也会使学生紧张。[1]

五、多多益善

有的老师认为"课堂上教师可以安排尽可能多的问题，提问是调动学生积极性的最好方式"。陈平老师面对的是初级水平的学生，学生们只会说一些"我在一年级。""请问，留学生食堂在哪儿？"这样很简单的句子。

情境　陈平老师的初级汉语课

陈老师：查理，你先读一下这段话，然后告诉我"丽莎买了哪个菜？花了多少钱？服务员找给她多少钱？"，开始读吧。

---

[1] 刘晓雨.提问在对外汉语课堂教学中的运用 [J].世界汉语教学，2000，(1)：71.

（在查理朗读的过程中，这位老师不断地纠正他的发音。）

陈老师：好，现在可以回答了。

查理：对不起，什么问题？

（老师的表情不太高兴）

陈老师：丽莎买了哪个菜？花了多少钱？服务员找给她多少钱？

（查理非常认真地听着老师的问题。他迟疑了一下。）

查理：花了六块五毛钱。

陈老师：好，还有吗？

查理：嗯，丽莎买了菜在留学生食堂。花了六块五毛钱。

……

情境　刘涛老师的高级口语课

（他正在让学生根据课文回答问题）

刘老师：元元的爸爸妈妈为什么让她学钢琴？元元自己的想法呢？李丹的父母为什么不主张他学习钢琴？

华威然：等一下。第一个问题是什么？

教师的问题真的应该多多益善吗？而且每一次的提问也要多多益善吗？实际上，教师的课堂提问数量是可以多一点，但也要根据学生水平而定，并且要注意提问语的有效性，一次切不可提太多的问题。如果教师对提问的问题也需要不断地解释学生才能明了，会分散学生的注意力。如果教师一次提出两、三个或更多的问题或者一堂课提出的问题太多，这样很容易干扰学生对问题意义的认识，也会加大学生的记忆负担。其次，如果教师一次提出很多问题，学生就难以抓住问题的要点，会把大部分精力放在对问题的记忆上。

查理告诉我：他问我很多。我 confused at once。Very embarrassed，忘了都问题。Jesus!

华威然说：真没面子！

像陈老师和刘老师这样在提问以后，由于问题过多，还需要再重复问题或反复地解释、说明，都会增加学生短时记忆的负担，使学生不能把注意力集中在问题的解答上，或者完全打断了学生的思维，势必会造成学生语言输入的障碍，从而极大地影响学生语言的输出。比如，像陈平老师这样，既要求查理做到准确无误地朗读课文，又要求他准确无误地回答三个问题。而且，在朗读的过程中，陈老师还不断地纠正他的发音和重音位置。这显然是不妥当的，必然会造成查理的"极大困惑"与"尴尬"。教师的问题应该有的放矢。陈老师可以先提高学生的朗读能力，提出学生要注意语义、语调、断句、按交际需要读出重音、限制朗读时间等等；然后，再根据课文回答问题。这样既节省了教师的教学时间和学生的学习时间，也避免了学生"没面子"的"尴尬"。

六、机会均等

宋志文老师正在检查学生的汉字，班里一共8个学生，他先让学生轮流上黑板听写生词，每人听写两个生词。然后，他开始检查学生是否已经理解了每个生词的意思和用法，让学生用生词造句，一共8个学生，16个生词，每个学生造两个句子。

陈丹阳老师让学生根据课文回答问题，她一共提了11个问题，每个学生回答一个问题。接着，她让学生做书后的练习，每个学生回答两个问题。她又让学生使用指定词语和句型对话，每个学生最少说4个句子。

在外国学生眼中，老师是否均等地给每个学生提供练习的机会，反映了教师是否公平地对待每一个学生。"老师是否比较公平地给每个学生提供练习的机会"也是教学评估表中的一项评价标准。

在笔者的观察中，有一些教师在提问时，出现了机会不均等的现象。刘涛老师提问的难度较高，使得回答问题的学生聚焦于几个成绩好的学生，成绩不太好的学生只能避而不言。

有的学生对我说："老师对我们不公平，她总是喜欢问几个学生，她好像从来没叫我读过生词，也没有叫我改过别的同学错的发音。"

然而，她的老师告诉我："有的同学发音很好，所以我很少叫他们读生词或者课文，也很少让他们纠正其他同学的发音错误。"

对外汉语教学的教授对象来自不同的国家，民族心理差异很大。一般而言，亚洲学生较为内敛，就算是胸有成竹，也很少主动发言，同时自尊心较强，害怕犯错。欧美国家的学生则不然，尤其是美国学生性格外向，喜欢展示自己，而且不怕犯错。时间一长有些老师就会忘记某些亚洲学生，而被学生争先恐后回答问题的假象所迷惑，觉得教学方法很好，课堂气氛很活跃。

一些亚洲学生告诉我:"老师偏向西方学生,总是对他提问或者关心的话,我们肯定感到不公平。"

在观察中,我发现即便是同一个国家的学生也存在着个性差异。所以,我们应根据学生的能力不同来确定提问方式和技巧。对自尊心极强的学生,教师最好不要在他毫无准备的情况下去提问他。可以像陈丹阳老师那样,采取表面上是按着某种自然顺序依次回答问题,但实际上是有意地把这样的学生排得稍后一些的办法。有时,陈老师也会采取在回答简单的问题时先叫他,在回答较难的问题时后叫他的办法。但是,陈老师也提醒我,此方法不可一以贯之,"否则学生们会觉得在教师心目中他们是不好的学生"。所以,教师在提问时,既不能让这些学生觉得上课时回答问题机会不均等,也不可以让他们觉得自己不如别人。Mckenzie 和 Henry[1]的研究也表明,教师如果能给学生提供更多的回答机会,可以使教师了解整个班级的掌握水平以及学生的自信心等方面的信息。

七、有备而来

课堂提问是教师经常使用的一种教学手段,也是语言教学最基本的训练方式。教师的课堂提问是否需要提前准备呢?

陈平:我教的是初级口语课,课文很简单。上课的时候我大概一扫问题就出来的,不需要准备。

我:您觉得中级班和高级班呢?是否需要教师提前准备问题?

陈平:有时候需要。因为课文较长,老师很难迅速地提出很多问题,而且还要由浅入深的提问。

其他老师又是如何思考的呢?

李卫东:教师的提问要早做准备。比如我自己,大概百分之七十是备课过程中就准备好的,记在书上或写在教案里。只靠课上临时考虑不太现实,因为上课过程可能会出现突发事件打乱教师的思绪。

我:我发现今天上课时,就有一个学生说到"北京的交通乱七八糟",然后说了开车的人和骑自行车的人,还有走路的人都是"乱七八糟";另一个又

---

[1] G. R. Mckenzie & M. Henry. Effects of testlike events on on-task behavior, test anxiety, and achievement in a classroom rule-learning task [J]. *Journal of Educational Psychologist*, 1979.

接着他的话题，谈起了打车时和司机聊天的趣事。

李卫东：可是这些学生的话题显然和本课"买车好还是租车好"的主题没有什么关系。这就属于课堂的突发事件，教师面对这种情况时，原有的教学思路可能会被打断，首先考虑的是这两个学生的话题和本课没什么关系，可有的学生听得津津有味。作为教师既要把话题重新引导回来，又不伤害到积极发言的学生。所以，如果不事先准备一些问题，思路又被打断，这些很容易让接下来的教学陷入混乱。

笔者就曾经不只一次在陈平老师的课堂上看到过这样的现象：

陈老师：好，下面回答几个问题。嗯……（教师思考了十几秒）第一个，丽莎什么时候到电影院的？

学　生：不是丽莎，是玛丽。

陈老师：对对对，是玛丽。

陈老师缺乏对学生的正确认识，没有严格要求自己，甚至产生"教留学生好对付"的错误想法。实际上，教师不能够有马虎敷衍的想法，应该认真备课，尤其是贯穿课堂教学始终的提问，否则就会像陈老师的学生在期末教学评估中写的那样："老师不认真"、"我不想把老师推荐给别的学生"。留学生虽然汉语表达能力不高，但教师认真不认真、方法好不好，要不了几次课他们就能清清楚楚，一旦失去了学生对教师的尊重与信任，教学效果自然是难以保证的。这也许就是陈平老师班级的学生经常请假或是旷课的一个重要因素吧。

通过以上有关对外汉语教师课堂交际中提问情境的呈现和分析，我们发现教师提问和学生回答在课堂交际中占很大比例，课堂交际实际上是一种提问和回答的循环。为了实现这种课堂交际的良性循环，教师应该在备课时对课堂提问有所准备，而且提问的类型应具有多样性，由浅入深、从易到难，促进学生的思维；第二，问题的难易度应根据学生的学习经验和学习水平，而非教师的"想当然"；第三，教师应该根据问题的类型和难易度设计多种问答方式，从而实现每一个学生的积极参与；第四，教师在问完问题以后一定要为学生留有候答时间，既便于学生思考，又便于更多的学生参与，也降低了学生汉语学习的焦虑感和恐慌感；第五，教师应消除问题"多多益善"的想法，应根据学生水平设计问题量；第六，教师切不可忽视提问时的"机会均等"，否则不仅会影响教师课堂交际中的提问环节，而且会影响到学生的学习动机，他们汉语学习的兴趣会大大降低。

教师提问在对外汉语课堂交际中具有十分重要的意义。这一过程不仅是教师对留学生施加外部影响的过程,更重要的是留学生在教师设计的提问中不断进行语言形式的操练,以及语言意义的使用,甚至是学生建构自身心智结构的过程。对外汉语教师正是在提问中发挥着认知主体的能动性,充分重视并利用认知目标的导向作用,从而促进汉语学习者的认知能力在语言学习中的发挥。

第二节 "截然不同":特殊的调适语

教师要能根据学生的理解程度,调整自己的语言,从而适合学生的汉语水平。这种调适的语言和我们日常生活中的语言截然不同。

——王丽云

王丽云老师的这些课堂话语方式是我们日常生活中所不曾听到的:

你没有钱了,你去一个地方,你告诉服务员你没有钱,你想拿一点儿钱。这是什么地方?(王老师在解释"银行"。)

你有事情找你的朋友。你给你的朋友打电话,可是他不在。朋友不在,别人接了电话,是别人接的电话,你怎么办?(王老师在讲"留言"。)

Krashen 提出的可理解输入(comprehensible input)认为,对语言输入的理解是语言习得的必要途径,因此语言教学最重要的手段就是使学习者尽可能多地接受可理解的输入。[1] 就对外汉语教学而言,无论教师在教学过程中运用何种教学策略和教学方法,其首要任务是使汉语学习者能够明白教师的语言。特别是在初级汉语水平的课堂上,教师课堂教学的大部分精力都用于引导学生跟紧课堂交际进度。教师要经常用语言唤起学生的注意力,并通过不断的检测来监控学生对语言知识的理解和掌握情况;还要随时根据学生的语言学习情况,对某些模糊的概念,包括语音、词汇、语法等进行及时的澄清、解释和界定以及适当的总结。所以,教师为了实现有效教学的一个重要任务,"就是让学生能够理解教师说的话"。这里的调适语主要是指汉语教师根据学生对语言的接受与理解程度调适教学语言,实现教学目标,达到预期的教学效果。

---

[1] 金传宝. 美国关于教师提问技巧的研究综述 [J]. 课程·教材·教法,1997(2):54-57.

一、"纯真"的意思是"纯洁真挚"

情境　刘涛老师的高级口语课

刘涛老师：我们看下一个生词"纯真"，"纯真"的意思就是"纯洁真挚"。

学生：老师，对不起，"纯洁真挚"是什么意思？

还有一次，一个学生问刘老师："我的房东说要给我'说媒'。'说媒'是什么意思？"刘老师告诉学生："'说媒'的意思是'说亲'。"

王丽云老师告诉我："高水平的对外汉语教师是能够用最简单的汉语把复杂的问题讲清楚。对外汉语教师的每一句话都应当能让学生理解。尤其是在教学的初级阶段，师生间的交流还受语言程度很大的限制的时候，更是要注意。"

情境　陈平老师的初级汉语课

（陈老师每个星期一都要听写学生生词）

陈老师：写完了吗？

学生1：没有。

（陈老师等了几秒。然后，她在全班扫视了一圈，发现学生们都停笔了，有的已经抬起了头。）

陈老师：完了吗？（大家都抬起了头）好。现在两个人一组，互相检查（语速变慢）听写，修改别人的错字。如果不知道别人写得对不对，可以打开书，三十六页。然后，告诉我每个人的分数。明白了吗？

（学生没有回答。陈老师又重复了一遍，发现有些同学在点头。）

陈老师：好。舒雅和吴丹一组，林恩和美娜，李必德和金和真……（这个教室可以坐20人，但只有11个学生，坐得较分散。）对，你们两个一组。好，互相检查听写。……（走到一组学生旁边）你们两个互相检查和修改。（舒雅和吴丹的眼神中有些迷茫。）

陈老师：互相修改，修改，改正。舒雅你看吴丹写得对不对。如果吴丹错了，你改正她的错字。吴丹你也是。你们可以看书，三十六页。

（陈老师每个组都检查了一遍，发现学生们都已经开始互相检查了。）

陈老师：好，现在开始。

在接下来的教学中，陈老师经常重复某些词汇或句子，表达同一个意思时会使用不同的词汇和语法。在访谈过程中,陈老师向我详细地解释了这些变化的原因。

我:我注意到,您一开始使用的是"互相""检查""修改"这三个词语,但后来又不用了,而是换成了特别简单的更易于学生理解的词汇。

陈老师:对。因为我发现有的同学明白这几个词的意思,有的还是不明白,可能已经忘了。所以,我为了课堂教学活动的顺利进行,就只能换几个简单的词汇解释这三个词的意思。

我:您不仅词汇变简单了,句子也变简单啦,由复合句变成了一个一个单句。

陈老师:是,不仅要换词,还必须根据学生的接受程度,适当地调整语法和句法,在讲解词汇和语法时更是这样。大家不是说了嘛,最了不起的汉语教师,就是能用最简单的汉语把复杂的问题讲清楚。

二、不断重复的老师

很多留学生告诉我,他们的功课非常繁重。一个中级水平的汉语学生说:

口语课一课有大概三十多个生词,汉语课一课有大概八十、九十多个生词,都要听写。可是,听写的时候我们写。然后,我们很快忘了。

事实上,初级汉语水平的学生每一课口语课的生词在 15～20 个左右,每课汉语课的生词也要达到 30～40 个左右。陈平老师在教学过程中,重视生词的重现率,不断地重复对学生来说较难掌握、在日常生活中很少用到的生词,从而强化学生的记忆。

对于其他学科的教师而言,如果像陈老师这样几秒内重复了三遍同一个词汇,学生们一定会觉得"这个老师有毛病,唠叨个没完没了的"。可是,当我问到舒雅和吴丹,她们是否明白了"互相检查"的意思时,她俩异口同声地回答"懂了"。

我又问:你们发现陈老师重复了好几次"互相检查"吗?

她们说:是的。开始我们真的忘了。后来,老师讲我们才明白。我们每天学很多生词,还有,我们有很多课,汉语课的生词更多,还有阅读写作课、听力课。老师真的很耐心!

重复和复指是语言教师经常使用的一种课堂交际方式。对外汉语教师为了防止某些难度较高的语言成分可能给学生带来的交际输入障碍,常常重复这些语言成分,从而出现一个语言成分连续出现两次甚至多次的现象。陈老师对"互相检查"一词的重复属于一种单纯重复。在对外汉语课堂语言交际中,还有一种通过复指形成的非单纯的语言重复现象。复指是指某语义成分出现以后,言语行为主体为加强该语义信息的强度在相近的语境中以各种手段复指该语义成分,形成语形结构不一定相同而语义信息相同或相近的重复。

比如,刘涛老师有关"后盾"一词的讲解:

后盾,表面意思是身体背后的盾。你们都学过成语自相矛盾,盾是很坚硬的,就是很硬很硬的。后盾的引申义是背后支持你的很重要的力量。比如你的父母是你的后盾,因为你遇到困难时,他们会帮助你、支持你。

刘老师通过"自相矛盾"的"盾"复指"后盾"的"盾",又通过解释性成分"背后支持你的很重要的力量",形成复指性重复,并用例句进一步解释"后盾"的含义。从而使语义信息度增强,增加了有效输入的可能性。

调适语是对外汉语教师课堂交际中一种非常特殊的语言,具有重要意义。不同的教师具有不同的调适语言。根据笔者的资料收集,对外汉语教师们为了实现成功的课堂交际,在言语编制过程除了前文提到的调适语方式以外,还存在着以下几种特殊的言语状态:

第一种,回避和迂回。教学语言的言语行为主体考虑到语言教学对象的大脑记忆库中没有储存目标语的某些语言材料和语言材料之间相互搭配的语言知识,迫于课堂背景下交际的压力,在表达某种内容时,用估计教学对象大脑记忆库中可能已经存在的语言知识来编制教学对象的语言能力能容纳的言语。这时,对外汉语教师往往会采取回避和迂回的手段使用自己的自然语言。回避的对象是教学对象没有学习过的词语、语法点或是留学生没有接触过的汉语文化因素,因为这些因素会给留学生的语言输入带来障碍。比如,"丈夫应该帮助爱人做家里的事吗?","家里的事"实际上是"家务",但是老师考虑到学生的大脑记忆库中没有"家务",于是老师采用回避和迂回方式把这一概念编码成"家里的事"。这样虽导致部分信息的缺损或变形,但不会导致交际的中断。

第二种,替换和变换。替换主要是指有同义、近义关系的词语之间的换用。同义和近义词语之间,有难和易的差别,也有习得顺序的先后的不同。有时想用一个词表达一个意思,但不能肯定学生的大脑记忆库中是否有这个词,于是以一个学生记忆库中已有的而意思上基本能代替的词来替换。比如上文陈老师把"修改"换成了"改正",就是考虑到虽然学生刚学了"修改"这个词,但看来并不熟悉,还需要不断巩固,所以她换了一个比较简单的同义词"改正"。替换虽然更易导致信息的变形和缺损,但却能满足教学语言的交际要求,并保持基本语义的完整和不变。

第三种,简化和繁化。有时,对外汉语教师的教学语言和汉语的自然语言相比,看上去过于简单,有时又会给人啰唆累赘之感。这就是简化和繁化的结果。简化是指对句子中非必要成分的简化,使句子成为浓缩过的句子,会给人以单调感。比如,陈老师说"三十六页",就是"翻到三十六页"简化的结果。繁化是故意过分使用某些语言成分,比如陈老师为了让学生明白"互相检查、修改"的意思时,就用了词语和句型都非常简单的几句话进行解释。当教师在讲解新词时,为了加深学生的印象,也会故意使用某些语言成分,使教学语言变得繁化。

对外汉语教学是一种语言教学,语言教学交际最重要。如果教师们设计了很多课堂交际活动,可是,学生连这个活动是让他们干什么的都不明白,活动又怎么进行,活动的目的也就更不可能实现。对外汉语教师们在课堂交际的过程中通过不同的方式实现着一个共同的理念,即"能用最简单的汉语把复杂的问题讲清楚",从而为成功的课堂交际铺平了道路。

第三节 "循循善诱":引导的方式

我的老师是循循善诱的,上课的时候,她很耐心地、很友好地引导我们说出更多中文。

——陈瑞德

宋雪娇老师曾用九个句子描述一个情境,只为了引出学生说出一个词语。从时效上来看,这显然是一种低效交际。学生们不得不产生疑问:"老师到底是练自己还是练我们?"那么,对外汉语教师究竟是如何引导学生进入课堂情境,积极地参与课堂交际的呢?笔者在观察中发现教师们的引导方式主要有两种:倾听式引导和权威式引导。所谓的倾听式引导主要源于老师们的描述,很多老师都告诉我:如果要想让学生多多说话,很重要的是教师要首先具备倾听的本领。

陈平老师说:教师的倾听很重要,只有先认真听学生说,才知道如何根据学生的汉语水平引导他们继续说。

有的老师也认为：教师有时需要一些较肯定的引导方式，比如直接告诉学生"答案只有一个"、"这个句子有两个语法错误"、"这个词语搭配不对"等等。

王冉老师说：就算是"权威式的引导"吧，但这里的"权威"和我们平常理解的"权威"完全不同，仍是以"学生为中心"，一切为了学生，引导他们多说话、敢说话的"权威"。

一、倾听式的引导

情境　李佳慧老师的高级口语课

（李老师正在根据课文让学生回答问题）

李老师：谁能说说现代人的婚姻观有什么特点？

学生1表情很肯定地说：不能委曲求全。

李老师：很好。"委曲求全"是一个成语。谁能说说这个成语什么意思？

（李老师的身体略微向前倾斜，目光和表情都显示出对学生的期待）

学生2：就是觉得不好、不舒服、不高兴，但是没有办法，只能这样。

李老师：很好。这个"全"意思是大的方面，大部分。比如，你们一起去吃饭，大家都喜欢吃火锅，可是文杰不喜欢。但是他只能"委曲求全"了。你们有没有什么"委曲求全"的经历？

学生3兴奋地说：我有。我有一个妹妹，我的父母很宠爱她。如果我的妹妹有什么错误，父母总是怪我。我很郁闷。可是我是哥哥。

李老师：所以，你总是怎么样？

学生3：我总是委曲求全。

李老师：很好。大家再看看书，现代人的婚姻观还有什么特点？

学生4："试婚"。

李老师：好，大声一点儿。

学生4："试婚"。

李老师：说得很对，"试婚"。你能继续说说"试婚"的意思吗？

学生4：没结婚的时候生活在一起，试一试，如果觉得不好，很多吵架、有矛盾，就分手，不结婚。

李老师：好极了！下面请大家谈谈对"试婚"的看法，如果是你，你会"试婚"吗？为什么？

李老师借助一些倾听用语，比如通过积极的反馈引导学生参与交际活动，"很好"、"好，大声一点儿。"、"说得很对"等；也通过适当的提问引导学生，"谁能说说这个成语什么意思？"、"你们有没有什么'委曲求全'的经历？"、"你总是怎么样？"、"还有什么特点？"等等，用以表明自己的态度，并对学生的回答进行引导，将学生的汉语引向更为深入和丰富的表达。

倾听是一种交际行为，是对言说者思想、情感和态度的反应。李老师在整个倾听式的引导过程中，首先，通过倾听收集信息，包括学生的语言信息和非语言信息，如果忽视了这些信息，就难以真正地理解言说者。其次，李老师在倾听的过程中也创造了一种安全而温暖的氛围，这样学生可以更加开放自己的内心，更为坦率地表达真实的思想。第三，李老师的语言信息和非语言信息传递着对学生的尊重与关注，非常想听到学生更为详尽和清楚的回答，学生能够感受到自己和自己的谈话在教师心目中的重要地位。这在一定程度上起到了正向强化作用，实际上，每个人都喜欢和尊重自己谈话的人进行交流。第四，这样的引导方式建立了教师和学生之间互相信任的基础，也有利于树立教师的威信。同时，也可增强学生的自信心，使学生更易接受教师的建议和解释。

李老师说：我们要时刻提醒自己，留学生学习汉语是为了掌握和使用汉语，他们不是来听老师讲汉语的。所以，教师应该用尽可能多的时间把学生引导到语言能力和语言交际能力的训练上。

在观察中，我发现很多老师在运用倾听的方式引导学生参与课堂交际时，都有一些值得借鉴的方式：

陈平老师在倾听的过程中，从不打断学生的谈话，他说"我们要尊重学生，要让他们把话说完"；

刘涛老师在倾听的过程中总是尽可能地保持平静，尽量避免冲动或是激动，比如有时学生的观点和刘老师的完全不一样，或者对中国的评价过于片面，刘老师不会匆忙下结论，也不会急于评价学生的观点，更不会因为与学生持有不同的见解而产生激烈的争执。在学生讲完后，刘老师会引导式的讲明自己的态度；

张韵老师说："对学生不可有偏见或成见，否则很容易影响教师的倾听。"

当学生在表达的过程中遇到障碍时，宋志文老师会做出适当的提示；如果学生只想说到此，他也不会勉强。宋老师说："我们要学会体察学生的感受。"

邓萍老师在倾听的过程中总是尽量给予学生及时的、鼓励的反馈；

陈丹阳老师会尽可能地根据学生的汉语水平引导他们的汉语表达；

王丽云老师说："对外汉语教师要引导学生多多说话，但一定要克服自我中心，不要为了引导而使课堂变成教师'一言堂'的语言教学模式。"

二、权威式的引导

情境　宋志文老师的中级汉语课

（宋老师刚刚讲完课文，正在让学生根据课文回答问题。）

宋老师：根据课文，我们知道从古代到现代，人们的生活有了很多变化，谁能说一下都有哪些变化？

学生1：人们获得知识和消息的途径不一样了，现在网络很流行。

学生2：交通工具变化很大，比如地铁、汽车、火车什么的。

学生3：住的房子不一样了，现在有很多高楼，公寓式的住房。

宋老师：还有呢？

（教室很安静，有的学生抬起了头，好像回答完毕的感觉）

宋老师：你们再仔细看看，还有一个变化？

学生4：没有了吧。

宋老师：一定有。再看一看第二段。

学生5：生活太忙，人和人的关系不一样了，比以前远了。

在对外汉语教学中，留学生的汉语几乎不可能超越以汉语为母语的教师的水平，所以对外汉语教师在留学生面前拥有其无法企及的先天优势，几乎永远处于语言知识的"上位"，具有语言权威，这在一定程度上加强了教师在留学生心目中的权威性。

学生对课文内容的理解和记忆能力是不可能比宋老师更强的。但是，宋老师并没有凭借自己的语言权威直接告诉学生答案，而是告诉学生"一定有，再看一看第二段"。老师的这种确信感通过语言传递给学生，也让学生产生了确信感，在确信感的引导下找到了答案。所以，宋老师对我说："有时候，权威式的引导也是必要的。"另一方面，如果宋老师直接告诉学生答案，学生就很难产生在教师引导下，自己寻找到答案的乐趣，也不便于学生的记忆和知识的构建。

"实然"的声音——对外汉语教师课堂交际研究

情境 刘涛老师的高级汉语课

（刘老师把一个学生的句子写在了黑板上）

刘老师："开奥运会的时候在北京，虽然我们是外国人，我们也会感到自豪了。"这个句子哪儿不对？

学生1：在北京开奥运会的时候。

刘老师：很好，可是还有点儿错误，是在北京吗？

学生1：北京开奥运会的时候。

刘老师：很好。北京是主语。还有一个地方也不对，（此时有两个学生举起了手）"我们也会感到自豪了"不能有"了"。

刘老师刚开始用权威式的引导，启发学生找出错误。可是后来就直接指出了学生的错误。下课后，我问那两个举手的学生："你们为什么举手？"他们说："改正错误啊！但是没有机会。老师经常这样。""可惜，老师太快了！"他们露出了遗憾的表情。

毋庸置疑，完全平等的师生关系在现实课堂中几乎难以见到，由于知识上的差异，在学生面前，教师或多或少都占据一定的优势。而在对外汉语课堂中，这种语言知识的优势则更为明显。如何将教师自身的优势巧妙地转化为教学的助推器，则是对外汉语教师需要掌握的一门艺术。如果能够恰当地利用语言权威对学生予以正确的引导，将有助于减少学生摸索过程中要走的弯路。

对外汉语教学的理念是"以学生为主，以教师为导"，这里的"导"是指教师应从"独奏者"或"权威者"转变为引导者、促进者、管理者和监督者。而引导是教师课堂交际中的重要角色，既是一种交际技巧，更是一种教学艺术。教师的引导是课堂交际顺利进行的有效保障。对外汉语教师通过倾听式的引导和权威式的引导参与师生间的对话，激发学生的话语创造能力。这种参与不是为了主宰学生的话语，也不是外部的控制或干预，而是一种引导和促进，是为了提高学生的汉语表达能力，讲出流利的、语言丰富的、充满活力的汉语。

加拿大的著名教育学者珀金在《论教师的作用》[1]中把教师比作一把钥匙（key），他认为教师陪伴学生来到各种知识的门前，教育事业的成败，不在于教师是否能打开知识的大门，而在于教师在多大程度上能引导学生成为一把钥匙，在他们广阔的未来用这把钥匙去探索、揭开知识的宝库。

1　珀金.论教师的作用[A].载瞿葆奎主编.教育学文集·教师[C].北京：人民教育出版社，1991.

第四节 "走进心灵"：教师的评价

我很想知道自己说的"对"还是"不对"，自己的汉语表达能力怎么样，所以老师对我们的反馈很重要。李老师很了解我们，她能走进我们的心灵。

——思睿

教师在对外汉语课堂交际的过程中，经常会对学生的语言表达或举止行为进行纠正、教育和补充，这实际上是在对学生的活动进行某种判定或评价。笔者发现教师这种指导性的评价能否对留学生参与课堂交际产生有利的影响，很大程度上取决于教师在此过程中伴随性评价语言产生的情感效果。有的伴随性评价语言，如"不对"、"不行"等会对学生产生消极的影响；而一些鼓励性的评价语，如"很好"、"太棒了"等会对学生产生积极的影响。

一、"不对"、"不行"：消极的评价

在对外汉语教学过程中，最常见的评价就是教师对学生语言表达的评价，这也正是学生们最关心的事情，"我说得好不好？"、"我的汉语水平怎么样？"，学生们出现语言表达的错误是非常普遍的，除了汉语水平较高的学生以外，大部分学生的出错率都很高，包括他们的发音、用词和句子结构。

陈丹阳老师认为：教师应该注意纠正学生的错误。留学生在学习汉语的过程中，只有在课堂上教师才会认真地纠正他们的错误。很多学生在和中国人聊天的时候，很少有人纠正他们的错误。学生们得到的评价，大多是"你的汉语说得真好！"，尤其是欧美学生，只要会说些简单的汉语句子，很多中国人就会惊讶地称赞他们："你太厉害了，汉语说得这么好！"所以，老师应该很好的利用课堂时间，及时地纠正他们的错误。

邓萍老师认为：学生的表达难免会出现错误，有些错误不必纠正。

那么学生又是怎么想的呢？

刘涛老师的高级口语班曾发生过这样一件事情：班里有一名发言非常踊跃的美国男同学，经常举手回答老师的提问，而且还会主动提出问题。这名男同学在山西住了四年，汉语完全是自学的，到了北京以后，也就是在刘涛老师的班级开始了第一次正规的汉语学习。他知道的汉语词汇很多，但是语

法错误也是层出不穷。比如他会说"我们去北京郊外爬山一起,上个周末"。他也会时常用一些很难的汉语词汇造句,如"我希望中国会归还1919的精神。我们不只要'讲文明'我们不只要'做和谐的社会'[1]"。所以,当他上课时出现这样的句子,并且问老师"这样说对吗?",刘涛老师怕他会误导其他的学生,就告诉他"不对"、"不行"。有一天课间这位男同学走到刘老师旁边,对他说:"老师,你知道吗?在美国时我的老师不会说我'不对''不行'。可是你总是说我'不对''不行'。我的中国朋友都能明白我的意思。他们说我的汉语很好!您让我没有信心!"刘老师有点哑然。接着,刘老师苦口婆心地告诉他,纠正他的错误是因为对他负责任,是为了他好。就在他们这次谈话的一个星期以前,这个美国学生还主动教授刘老师搏击术,我也顺便学了两招。可是……

刘老师对我说:"你经常听我的课,应该发现我和这个男同学的关系还是很好的。他的性格很随和,很开朗,乐于助人。但是,看来我还是不太了解他,纠正错误太直接,而且经常每错必纠。得改,得改啊!"

其他学生又是怎么想的呢?

学生1:我最怕老师说"不行"、"不对"!

学生2:我希望老师告诉我哪里错了,可是我们真的常常错,如果老师总是说错了,我就不好意思再说话了。

事实上,学习者在二语习得的过程中,会在母语和第二语言之间产生一种中介语。中介语是学习者在第二语言习得中五种主要认知过程的产物。这五种认知过程包括:第一,语言转用,即中介语中的有些项目、规则及子系统是直接从第一语言中转用而来的;第二,训练转移,即将语言训练过程中的某些特征转移到中介语之中;第三,学习策略,即中介语中的有些成分是从某些学习方式中得来的;第四,交际策略,即中介语中的有些成分是从某些特定的交际方式中产生的;第五,过分概括,即对目标语言材料中的规则泛用。基于中介语的产生过程,中介语具有三个特点:第一,灵活性,指学习者的中介语系统不管在什么时候都是不固定的,都可进行改变和完善。实际上所有的自然语言都具有灵活性,它们总是随着时间的推移而不断地演变和发展。中介语与自然语言的区别在于灵活性的程度不同。第二,能动性,指中介语系统总是处在不断修改与扩展的过程

---

1 王添淼. 跨文化交往中的意义拒斥——国际汉语教师课堂评价语探析[A]. 国际汉语教育[C]. 北京:外语教学与研究出版社,2013.

中。学习者在第二语言获得过程中不断地接受新的规则而进行新的假设,并逐步地修改假设,使中介语系统向目标语言系统逐渐靠拢,所以中介语系统总是处在不断的变化过程中。第三,系统性,指学生在使用第二语言时虽然会出现错误,会与目标语言系统有差距,但仍然依照一定的规则,而不是任意的。学习者的语言行为受到中介语系统的支配,这与使用母语时的情况完全相同。学习者在第二语言交际中所犯的错误实际上是以目标语的语法体系作为衡量的标准,如果以学习者的中介语系统作为标准,这些所谓的错误就需要打上问号了。所以,对外汉语教师在教学过程中并没有必要每错必纠,根据中介语的特点,一方面,学生的一些错误完全可以在语言学习不断深入的过程中自行纠正;另一方面,如果学生的错误是有代表性的,老师应该及时纠正,如只是个人性的或是口误,则没有必要每错必纠。

在对外汉语课堂交际的过程中,教师的评价往往证明了学生话语的准确度,学生们也高度关注教师对自己语言表达的反馈情况。那么当学生出现错误的时候,教师究竟应该如何纠正学生的错误呢?

(一)"不直接指出错误,重复和强调正确用法"

情境　陈平老师的初级汉语课

陈老师:你去年在哪儿学习汉语?(用手指一个学生回答此问题)

学生1:我学习汉语在XX大学去年。

陈老师:在XX大学?

学生2:在XXX大学。

陈老师:在XXX大学。她去年在哪儿学习汉语?(语速变慢)

学生3:在XXX大学学习汉语。

陈老师:很好!在XXX大学学习汉语。

学生1:我在XXX大学学习汉语。

陈老师:在XXX大学,地点;做什么,学习汉语。地点在前面。(一边说一边在黑板上写"地点+做什么")我在XXX大学学习汉语去年。可以吗?再想一想?

(没有学生回答)

陈老师:你明天做什么?我明天有汉语课。明天是时间,时间在哪里?

学生4:我去年在XXX大学学习汉语。

陈老师:很好!我去年在XXX大学学习汉语。

学生1：去年在XXX大学学习汉语。

陈老师：我去年在XXX大学学习汉语。时间、地点、做什么事情。(一边说一边在黑板的"地点+做什么"前面再加上"时间")跟我说：我去年在XXX大学学习汉语。

学生们：我去年在XXX大学学习汉语。

陈老师：很好！去年我在XXX大学学习汉语。

学生们：去年我在XXX大学学习汉语。

陈老师不仅纠正了学生的语言形式，还包括学生的语言内容。但是陈老师首先纠正的是学生的语言内容，学生的大学名称说错了。在学生改正了大学的名称以后，陈老师重复了一遍正确的大学名称。然后，陈老师将语速放慢，重复了一次学生1地点状语位置用错的句子。学生改正了这个句子以后，为了让学生加强记忆，陈老师把正确的语法结构写在了黑板上。接着陈老师用同样的方式，纠正了时间位置的错误。陈老师说："最好不直接指出学生的错误，重复和强调正确的用法。"也有的教师为了提高学生的注意力，习惯于先重复学生的错误答案，然后再让学生改正，或教师改正。但是笔者发现，此种重复学生的错误答案有其不利之处：首先，教师虽然重复学生的错误回答以后，及时加以改正，但并不能加强正确答案对学生的刺激，反而容易加强错误的部分在学生心中的印象。其次，重复学生的不足或错误，也会在一定程度上损伤学生的自尊心和自信心，容易使他们将回答失败归因于内部原因。

(二)"用提问处理学生的错误回答"

王丽云老师在教授初级口语课时，对学生句式运用错误是这样纠正的：

王老师：你是什么时候到北京的？
学　生：我昨天回来了。
王老师：你是什么时候到北京的？
(王老师在重复问句时，加重"是……的"发音，并将此句式写到了黑板上。)
学　生：我是昨天回来的。

王老师通过再次提问、重音和板书唤起学生的注意，让学生自己认识错误，直至掌握正确的表达。课堂上，有一些教师也会像王老师这样用提问处理学生的错误回答。比如，"我请假两天"、"她帮忙我了"等等，这些留学生经常犯的有规律的错误，特别是教师经常提醒却仍旧难以避免的错误，教师会用提问来提醒学生注意，比如学生说"我请假两天"，教师可以问"你请几天假？"；"她帮忙我了"，教师可以问"谁帮了你？"，观察学生是否意识到并改正了自己的错误。如果学生没有意识到自己的错误，教师也不会重复学生的错误答案。教师会直接说出正确回答"我请两天假"、"她帮我了"，然后让学生跟读，这样就在学生头脑中强化了正确的答案。笔者发现对外汉语教师的反馈有两方面作用：评价性作用和话语作用。教师运用评价性反馈的时候常会伴随展示性问题出现，教师明确指出学生的回答正确与否，注意力经常集中在语言形式上；进行话语性反馈时教师只关心回答的内容，不关注语言本身，即使学生回答中有错误出现，教师也不会明确指出，而是采用隐性的方式即转述释义的策略加以修正，以避免课堂互动的间断，因此比评价性反馈更具参考价值。

可是，对外汉语教师是否有必要纠正学生的错误？应该纠正学生的哪些错误，不应该纠正哪些错误？教师又应该如何纠正自己的错误？这些问题都是老师们所困惑的。在王丽云老师的教学日志中，我找到了更为详尽的解答：

第一，教师是否有必要纠正语言学习者的错误。是否纠正要根据情况而定，如果这个学生的错误具有共性，需纠正；如果这个学生的错误在于他使用了超出他现在水平的语法或词汇，其他学生对此语法和词汇很陌生，教师也不必立刻纠正，如有必要，可下课时单独告诉此学生。

第二，教师应该纠正学习者的哪些错误。一般情况下，大部分语言教师都倾向于首先纠正学生话语中内容的错误；然后是有关词汇使用的错误；最后是语法或者发音方面的错误。

第三，教师应该如何纠正学生的错误。可采取以下方法纠正学生的错误：让学生重复自己刚才说的话，以提醒其有误，争取让学生自己改正；教师指出错误，让学生自己纠正；直接对其错误之处进行点评和解释；让别的学生纠正错误；用体态语暗示学生表达中的错误。

二、"很好"、"太棒了"：积极的评价

笔者曾使用过美国人研发的对外汉语教学的多媒体课件。学生学完课文后会选择练习，如果学生答错了，电脑上不会出现"答错了"这样的句子，而是"再想一想"、"再看一遍"；如果学生答对了，电脑上也不会出现"答对了"，而是"很好""太棒了""你真棒"。在对外汉语课堂语言交际的过程中，我也发现一些教师从不会告诉学生"不对"、"不行"、"错了"，而是用"再想一想"、"可

以吗?"、"还有别的说法吗?"、"你觉得应该怎么说?"这些句子启发学生。当学生回答正确时,教师也不会简单地用"答对了"评价学生,而会说"很好""太棒了""你真棒""说得真好""说得太对了"等等,表示对学生的赞扬和鼓励。教师在给予这些积极评价的时候,不仅能使学习者知道他们正确地完成了任务,同时还能通过赞扬增强他们的学习动机,因此积极评价比消极评价更有利于学生汉语水平的提高。

在李佳慧老师的教学日志中我看到这样一段经历:

今年暑假,我教了一个香港中文大学的普通话班,这是我第一次教香港班。他们的普通话比我想象的要好。我负责训练普通话测试的第六部分"话题",就是命题说话。其中有一个题目是《学习普通话的体会》。在同学们的发言中,他们学习普通话的体会不尽相同,有的说兴趣最重要,有的说父母的严格督促最重要。但他们中间普通话说得很好的几个人,几乎都有一个共同的体会,就是老师对他们的表扬和鼓励最重要。比如,一个学生告诉我,他在小学时并不认为自己的普通话说得很好,也没有什么太大的兴趣。可是老师觉得他说得很好,就鼓励他参加电台组织的普通话朗读比赛,结果真得了个优秀奖。此后,老师又鼓励他参加其他的普通话比赛,所以他越来越喜欢学习和练习普通话,说得也就越来越好,他很感谢自己的老师。所以,我也越来越意识到教师对学生的评语非常重要,直接影响学生的学习兴趣,尤其是自信心。

可见,教师的评价不仅可以使学生知道自己的学习情况,积极的评价还可以改进学生的学习动机,提高学生的汉语学习兴趣,更有利于建立良好的课堂氛围。期末时,在学生对教师的教学评估表中,很多学生写上了这样的建议:"我们喜欢积极的、鼓励的评价";也有的学生写道:"老师请别说'不对'"。

邓萍老师经过多年教学实践,总结了有关汉语教师评价的六个有效策略:

第一,当学生回答正确时,教师要予以及时的肯定,比如"很好"、"对"、"是"等等。

第二,当学生回答错误时,教师不要立刻指出,最好给予暗示,比如"你再想想"、"还可以"、"嗯……"等等。

第三,表扬,教师对学生的称赞非常重要,比如"太棒了"、"太精彩了"、"了不起"、"聪明"等等。

第四,重复,学生回答正确时,教师都可重复学生的答案;学生回答错误时,教师要尽量避免重复错误答案。

第五,总结,教师对单个学生或小组学生的回答予以总结。

第六,扩展或修饰学生的答案。如果学生的答案是模糊的或者不完全正确,教师可以在学生答案的基础上,改变措辞,说出正确的答案;或者用教师自己的话把正确的答案说出来。比如学习方位词时:

教师:黑板在哪儿?

学生:在前边。

教师:很好,在前边。黑板在教室的前边。

邓老师还针对如何减少语言实践过程中学习者的错误率进行了思考,并提出了以下建议:

第一,教师的讲授尽量具体化和细化。就是说教师能够把几个知识点分成一个一个小点进行讲授,在讲授每一个知识点时都提供给学生练习的机会,然后再开始教授下一个知识点。比如"真好吃!"这个句子教师可以分成两个语言点,第一个是"好吃",好+动词,举例说明还有"好看""好玩儿"等;然后再讲解:"真"表示"非常""的确",强调程度深。例如"天气真冷!""我真不喜欢坐飞机"。

第二,尽可能地给学生提供非常清楚易懂的讲解和范例。比如上面提到的"真"的用法,如果教师给初级水平学生的例句是"天气真是热死了!",学生立刻会很困惑,因为他们完全不明白"……死了"的意思。

第三,对话、讨论和角色扮演是语言课堂教学经常使用的练习方式,教师在开始这样的教学活动之前,应该先让学生针对词汇或者语言点进行机械性操练。

第四,教师为学生提供足够的练习,包括练习的数量和难度。对某些接受较慢的学生,提供一些附加练习。

第五,必要的时候,教师应重复教学。

教师们都对课堂上教师的评价语有着各自深入的思考。两位老师都认为语言交际是对外汉语教学非常重要的特征,课堂是教学最重要的场所,教师如何能够在课堂上让学生敢于与教师对话,以及和同伴进行语言交际是非常重要的。

俗话说"良言一句三冬暖,恶语一句六月寒",这实际上描述的是受话人对语言在情感上的接受程度。课堂上对外汉语教师语言的接受主体是学生，教师自身的情感以及教师对课堂活动的情感化处理，都有可能通过语言这种信息的载体传递给学生，这种情感或是有意识的、积极的，或是无意识的、消极的，但无论怎样，都将引起学生的情感体验。留学生的这种情感体验有可能是积极的，也有可能是消极的，它与教师语言表达的方式和方法密切相关。正像刘涛老师班里的那个美国男孩与刘老师发生的小摩擦，这也给刘老师敲响了警钟，"看来我还是不太了解他"。也正如思睿所告诉我的："我很想知道自己说的'对'还是'不对'，自己的汉语表达能力怎么样，所以老师对我们的评价很重要。李老师很了解我们，她能走进我们的心灵。"所以，对外汉语教师在课堂上语言的价值体现于教师表达与学生体验这两个环节。从这个意义上说，留学生的情感体验不但是考察教师语言效果的视角之一，也是制约教师课堂语言生成和表达的重要因素。对外汉语教师在课堂教学时对学生的汉语表达内容给予恰如其分的评价，就可以增强学生使用汉语进行真正意义上交际的信心。同时，教师的评价蕴含着深刻的情感，体现了教师对学生的爱，对教师职业的爱。尤其是对外汉语教师，面向的对象是来自世界各国的学生，有着传播汉语、传播中华文明的责任。所以，对外汉语教师代表的不仅是自己、是教师，更重要的是代表着中国教师和中国人的形象。因此，这份爱也饱含着对外汉语教师们对国家的热爱。

小结

提问语、调适语、引导语和评价语构成了对外汉语教师课堂语言交际的主要部分。通过上面的研究我们发现，教师在课堂语言交际的运用过程中存在着不同的问题。在教师提问语的使用过程中，有的教师使用三种问题类型调动全体学生的积极性，有的教师使用两种问题类型，而且问题过于简单、缺乏开放性，使得学生"不喜欢回答问题"，觉得"没有挑战"；教师在提问时的难易度也会影响教学效果，如果教师不根据学生的水平设定问题的难度，就会出现只是几个学习好的学生在不断地回答问题的情况；教师的问答方式也会影响教学的质量，一些老师会采取教师问、学生个体回答，也有教师问、学生小组回答或是全体回答的方式，还有学生问、学生答的方式，每种问答方式都是有利有弊；提问时教师候答时间的掌握也很重要，有的老师提问以后，忽视了候答时间，造成越来越多的学生不敢回答，怕"尴尬"、怕"没面子"，学习成绩优异的学生也变得"怯生生"地不敢回答，而候答时间也不可以过长，否则会影响学生参与热情和教学进度，最好控制在6秒左右；教师一堂课或是一次性提出太多问题，也会让学生变得"无话可说"；教师在提问时也要尽可能地做到机会均等，每个学生都有回答问题的机会，否则会让学生觉得老师对某些学生有偏爱或偏见，大大降低了学生汉语学习的热情；教师们对课堂提问也应有所准备，而不能像有的教师一样觉得学生水平低，就可以"想当然"地随便提问，让学生觉得老师不认真，教师也就会失去学生对他的尊重和信任。其次，对外汉语教师在课堂语言交际中有一种与日常用语截然不同的语言——调适语，教师调适语的合理运用便于学生理解和接受教师的讲授，也便于学生能够跟上教师课堂交际的进度。再者，教师在课堂交际中要对学生进行适当的引导，进一步提高学生参与课堂交际的积极性，有时教师要变成一个听者进行倾听式的引导，有时教师又要发挥他的权威性，采取权威式的引导方式，但无论采取哪一种方式，教师们都是"以学生为中心"，目的都是引导学生成为交际的主体，提高学生汉语交际的能力。教师在引导学生积极参与课堂交际的过程中，也要对学生的汉语表达给予及时的评价，由于教师评价方式的不同，对学生汉语学习动机带来不同的影响，有的老师经常会说"不对""不行"，这样的评价降低了学生学习汉语的积极性；而有的老师则经常鼓励学生，用"很好""太棒了"等词语时刻给予学生积极的评价，大大提高了学生汉语学习的积极性。

  对外汉语教师课堂语言交际的方式存在着不同的问题，每种方式都会影响到学生汉语学习的热情，对教学效果产生不同的影响。值得肯定的是，有些教师恰当的课堂交际方式极大地促进了汉语学习者对汉语的理解和语言表达能力的提高，在组织课堂教学和学生汉语习得过程中起着至关重要的作用。同时，我们发现对外汉语教师的语言具有双重意义，它不仅是一种交际方式，更是学习者获得可理解性目标语输入的主要来源。教师们的语言输入方式很好地调和了语言学习者的理解水平，为他们提供了"可理解输入"，这也是汉语习得过程的基本要素。对外汉语教师的语言交际方式的选择和使用增加了学习者语言学习和参与课堂活动的机会。一方面，教师在选择和使用语言时会注重话语输入的质量，在有限的课堂教学时间内给学生创造更多的学习和参与课堂活动的机会，从而促进他们的汉语学习。另一方面，降低了语言输入的难度，使其达到或接近学习者可理解的程度，而且这种调整建立于师生间的意义协商，并以信息交际为中心，从而满足了贝尔斯所提出的一个群体内成员之间两类交际行为的目标：以提供信息、方向或指示为目标的交际，以及以满足对方的交往需要和情感需要为目标的交际。可见，对外汉语教师的语言交际在汉语教学中有着十分重要的地位，教师的语言贯穿和作用于整个课堂教学，教师话语的数量与质量甚至决定着课堂教学的成败。

第四章　非语言交际：此时无声胜有声

我们总是在言说；甚至当我们没有发出一声的语词，而只是倾听或阅读之时；甚至当我们不是特别地倾听或言说，而只是从事某种工作或沉浸于悠闲之时。我们总是以这种方式或那种方式不断地言说。我们言说，因为言说是我们的本性。

——海德格尔[1]

只有在学会用15种至20种声调来说"到这里来！"的时候，只有学会在脸色、姿态和声音的运用上能做出20种风格韵调的时候，我就变成一个真正有技巧的人了。到了这个时候，我就不怕有谁不肯接近我，或者对所需要的没有感觉了。

——马卡连柯[2]

情境　邓萍老师的中高级阅读写作课

（这是《最后一课》中的最后一段，邓萍老师正在朗读这段课文）

忽然（邓老师的语气也让人有一种忽然的感觉，她的表情和语气都很悲伤），教堂的钟敲了十二下。祈祷的钟声也响了。（停顿）窗外传来了普鲁士兵的号声——他们已经收操了。韩麦尔先生站起来，脸色惨白，我觉得他从来没有这么高大。（声音加大）

"我的朋友啊，"他说："我——我——"（邓老师的声音缓慢且略带哽咽）

但是他哽住了，他说不下去了。

他转身朝着黑板，（邓老师也转身朝着黑板走去）拿起一支粉笔（邓老师拿起一支粉笔），使出全身的力气，写了两个大字："法兰西万岁！"（邓老师一边写一边读）

然后，他呆在那儿，（邓老师也做出有些发呆的表情）头靠着墙壁，（邓老师一边读一边把头靠着墙壁）话也不说，只向我们做了一个手势："放学了，（停顿）——你们走吧。"（邓老师也伸出她的右手，做了一个放学的手势）

这段文字是《最后一课》这篇课文的高潮部分。邓老师为了能够让学生感

1　海德格尔.人，诗意地安居[M].郜元宝，译.桂林：广西师范大学出版社，2000.
2　马卡连柯.论共产主义教育[M].北京：人民教育出版社，1954.

第四章 非语言交际：此时无声胜有声

受到课文中的沉痛和悲愤，她不仅运用了适合的声音进行朗读，更多的是依赖于非语言交际行为，例如身势语"转身朝着黑板走去"、"一边读一边把头靠着墙壁"；悲伤的表情语和哽咽的声音；手势语，要学生走开的手势；还有邓老师在语速、停顿和音量等副语言方面的变化。邓老师这些非语言交际行为不仅有助于学生对文章字面上的理解，而且让学生们深刻感受到一位教师在外敌入侵被迫放弃祖国语言教学时那种心灵深处的创伤与痛楚，以及对祖国和祖国文字的执着和热爱。在邓老师朗读的过程中，教室里一片寂静，学生们没有看书，大家都静静地聆听着老师的朗读，一边听一边看老师的表演，一边思考着每一个词、每一句话和邓老师每一个动作的含义。此过程不仅加深了学生对文章内容的理解，也被这种写作风格感染着。学生告诉我，"老师的朗读，让我们有身临其境的感觉"、"我们也想和老师一样朗读"。

非语言表达传递出比有声语言更为丰富和更加难以言状的情意，也有利于良好的教学效果的实现。正如美国西北大学人类学教授爱德华·霍尔（Edward. Hall）所述："身态语言包括身体部分或全部的动作。这些动作，是一种表达个人内在世界的无声而真实的语言。"[1] 相对于其他教师而言，由于单纯的语言交际可能存在障碍，非语言交际对对外汉语教师的课堂教学具有更为重要的意义，扮演着不可或缺的角色，关乎着教学目标和内容的实现。

这一章将通过质的研究方法的观察和访谈，呈现出对外汉语教师在课堂中运用非语言交际方式与学生进行信息传达和沟通的情境，以及非语言交际对课堂教学效果的影响。根据笔者的探究，在对外汉语课堂教学中具有重要作用的教师非语言交际方式包括服饰、随身用品、空间信息、体态语和非语词声音信号五部分：服饰指教师上课时的穿着；随身用品指教师上课时携带的一些与课堂教学有关的物品；空间信息包括教室的环境布置、学生的座位安排和师生的体距所传递的信息；体态语指教师的行为举止，包括教师的手势、表情、眼神、身姿等的运用；非语词声音信号即教师的副语言，教师在进行口头语言表达时，会产生一些不属于语言范畴的声音现象，比如教师的音调、音高、语速、停顿、咳声、笑声等等。笔者发现，教师的这些非语言交际方式中，作用最大的是教师课堂教学中体态语的运用，而且就对外汉语教学而言，不同的体态语对于不同的对外汉语教学环节有着各自的意义和价值；其次是副语言，尤其是对初级水平的汉语学习

---

[1] 爱德华·霍尔. 无声的语言 [M]. 北京：中国对外翻译出版公司，1995.

者，教师是否能够合理地运用副语言对教学效果有很大影响；再者，教师的服饰、随身用品和空间信息等对教学质量的好坏也有一定影响。

第一节 "润物细无声"：教师的体态语

教师体态语的运用有一种"润物细无声"的效果。

——王丽云

体态语是非语言交际的一种重要手段，又叫身势语、身体语或行为语（body language），是一种非语言信号，它是交际过程中伴随语言交流或非语言交流时通过身体的动作姿势以及面部表情变化而完成交际的一种工具。

有了人类就有体态语，体态语的产生远远早于有声语言，甚至动物时期就出现了体态语。"我们的身体不断传播关于个人的信息"。[1]体态语是一种可以表达人的思想、感情，可以传递给他人一定信息，并被接受和理解的行为动作，而不是身体的功能性活动。体态语广泛应用于人们的生活，对人类的交际（尤其是在特定的情境和特定的群体中）有着极为重要的作用。随着学者对体态语研究的不断关注，体态语已经发展成为语言学的一个分支学科——Kinesics，专门研究语言或非语言交际中的姿态和动作。

课堂教学中的体态语包括面部表情语、手势语、身姿语和眼神（目光接触）。教师在课堂教学中，除了以自己的有声语言来完成教育教学的任务外，还力图通过合适得体的体态语来配合，以加强有声语言的教育作用，更好地完成教学工作。

体态语的交流是在信息发出者和接受者面对面的情况下进行的，信息通过视觉直接传播。形象直观、生动鲜活的体态语使抽象的东西具体化、简单化，容易辨认。对外汉语教师是如何运用体态语使课堂教学变得更加生动、形象和有效的呢？

我们先一同走进王丽云老师的课堂，看看这位有着 22 年对外汉语教学经历的教师是如何运用体态语进行对外汉语课堂教学的。

下面是她为汉语零起点学习者[2]上的第一堂课。

1　D. Morris. *Manwatching : A Field Guide to Human Behaviour* [M]. New York: Harry N. Abrams, Inc. Publishers, 1997.
2　所谓"汉语零起点学习者"即仅会说"你好""谢谢"等最简单的汉语。

情境　王丽云老师的初级口语课

王老师提前几分钟到教室，她面带微笑地在教室里走了一圈，友好地看看每一个刚刚来到中国学习汉语的留学生。上课铃响了，她没有走到讲桌后边，而是很自然地站在讲桌前，先略微低一下头，然后微微上扬，扫视全班一圈，发现有一个学生不知在找着什么，另一个学生仍继续往嘴里不停地放着饼干。她沉默了十几秒，微笑着看了看两个学生，其他学生的目光也伴随着老师的目光转向这两位同学，她以短暂的注视提醒这两位同学，好像在说："已经上课了，准备好了吗？"就在这十几秒，整个教室变得很安静。

王老师开始自我介绍：

你们好！（微笑；双手举到胸前，手掌向外张开，朝向学生。）我姓X。（用手指着自己，语速放慢。走到黑板前，写上她的姓。）我姓X。（一边读一边用粉笔点击这个汉字。）我叫XX。（用一只手指着自己，语速放慢。）你们（双手举到胸前，手掌向外张开，朝向学生。）叫我（用一只手指着自己）X（用粉笔再次点击黑板上的X字）老师。我很高。（手掌朝下，放在头上，并尽量向上够）。好，我们打开书。（一边说一边用手做打开书的动作。她从讲桌上拿起自己的书。）第一课《你（用一只手指学生）叫什么名字？》。（一边说一边翻到第一课，语速很慢。）[1]

"面对零起点的外国学生，如何把课堂搞活，让学生开口训练，可得有点儿本事；能让零起点的外国留学生在最短的时间里尽快地学习、掌握好汉语，可不是件容易的事。……如果教师没有高超的教学艺术，没有一定的教学技能，是很难达到上述要求的。"[2] 从王老师提前几分钟来到教室，到她仅有58秒的自我介绍，虽然时间短暂却采用了多种教学艺术：亲切友好的面部表情、多种体态语的使用艺术、语速放慢和强调的运用、板书的强调和示范艺术，体现了多种体态语的综合运用。

在语言教学过程中，语言的接收和传递是个复杂的"生理——心理"活动过程，无论是文字信息，还是语音信息的有效记忆首先要经过大脑的编码，然后通过解码才能被理解。解码是指信息接受者将接收到的信号，依照一定码规，解意还原为信息，它借助于编码而存在。教师体态语的运用极大地促进了这一过程的实现。为了辅助语言表达，教师一边讲课一边将语言所表达的部分信息编制成

1　王添淼. 语言交际与非语言交际的融汇与综合——国际汉语教师课堂教学策略探究[A]. 汉语国际传播研究[C]. 北京：商务印书馆，2013.

2　陆俭明. 汉语教员应有的意识[J]. 世界汉语教学，2005（1）：61.

特定的体态语作用于学生的视觉。学生将所接收到的体态语信号还原为被自己理解的信息。在体态语辅助下的学生编码和解码的学习过程，增强了教师所发出的信息对学生感官的刺激，增加学生对信息的接受量。[1]

然而，对外汉语教师的课堂体态语交际存在着各不相同的问题。

一、"smiling teacher"

从王丽云老师走进教室的那一刻起，一直到这节课结束走出教室，王老师一直在微笑着，她的微笑传达着丰富的表情含义。

王老师说：我觉得教师的微笑可以征服学生的心灵。特别是对这些留学生，他们很多都是第一次来中国，而且很多都是从小到大第一次离开家，第一次出国；而且，我的班又是零起点，几乎不会说汉语，就算是高级语言水平的学生都会出现语言学习的焦虑，这些零起点的学生，汉语和英语、法语等又不属于同一语系，学习汉语对他们而言是非常大的挑战。如果作为一个老师我还是冷冰冰的，他们就更不敢、更没有信心学习汉语了。

正如王老师所言，对外汉语教师的表情不应该是，也不能是呆若木鸡、冷若冰霜的，应是和蔼、亲切、热情的，充满强烈的感染力。微笑是一个人乐观自信、积极向上的心理状态的反应，如果教师经常对学生微笑，学生也会变得乐观、积极、自信、向上，汉语学习的焦虑感也会随之消散。

就像很多学生告诉我的：老师的笑容让我们不再焦虑！不只学习汉语的焦虑感没有了，初次来到中国一个人生活的恐慌和焦虑也没有了。

留学生对教师的评估表中，我也发现，很多学生在有关老师的优点中，都写上了这样的词或者句子："smiling teacher（总是笑着的老师）""老师很爱笑，我很喜欢。""中国老师都很喜欢笑，这很好！"。往往有这些评语的老师，他（她）们的评估成绩也较高。所以，我们可以这样认为，微笑的老师最受欢迎。

可是，笔者也曾看到过这样的对外汉语教师：整个五十分钟的课程，他们的面目表情毫无变化，认认真真、仔仔细细地讲解着每一个词汇和句型，没有丝毫笑容，完全是一种不苟言笑的感觉，课堂的气氛很严肃。在老师的"感染"下，学生们也都面无表情。而且，这样的课堂中，几乎没有学生主动提出问题，只是教师一本正经地提问，学生谨谨慎慎地回答。整个语言教学完全建立于教师教授、学生接受的等级框架中。

---

[1] 王莉. 肢体语言在教学中的重要性 [J]. 中国教育，2005（6）.

有一天，学生们刚刚学完"一丝不苟"这个成语。

课间，一个学生走到我旁边，很有礼貌地问我："我可以问你一个问题吗？"

我回答："没问题"。

他小声地说："'一丝不苟'可以形容人的面容吗？"

我有些疑惑，问道："你想怎么说？"

他立刻回答："'一丝不苟'的面容，可以吗？"

我惊诧……

教师在课堂教学中的笑，也是一种爱心的表现。教师的微笑能够创造和谐的课堂氛围，开启学生的心扉，沟通师生的心灵，让学生在教师的微笑中体会教师对学生的关爱，从而促进师生的情感共鸣，激发学生学习汉语的兴趣。1988年，美国总统教育奖获得者埃斯卡兰就把自己的教育哲学归结为爱的微笑，他认为这是自己多年来征服学生的诀窍。

二、"单调"与"丰富"

王丽云老师的口语课除了自始至终的微笑，还有她丰富的身势语，在50多秒的自我介绍过程中，王老师使用了6种体态语来表达不同的含义，比如"双手举到胸前，手掌向外张开，朝向学生"表示"你们"、"用手指着自己"表示"我"等等，而且在接下来有关本课生词的讲解中，她也尽可能地配上了相应的动作，来加强学生对词语含义的理解。

根据笔者的观察，每位对外汉语教师体态语的运用各不相同，不仅是动作的含义不同，而且体态语种类的多少也是不同的，有的单调，有的丰富。那么，教师体态语运用上的不同是否会影响教学质量呢？又会带来什么样的影响呢？

笔者带着这些疑惑，将王丽云和宋雪娇两位老师的初级口语课进行了对比分析，包括她们体态语运用的特点，以及不同体态语的使用频率、表现形式等对课堂教学效果产生的影响。两位教师都教授初级汉语口语课，每节课时间都为50分钟，分别教授同一篇课文的12个生词和课文的第一段。两人的教学目标相同：要求学生能够理解生词的含义，并能正确运用于日常交际情境中；能理解课文第一段的意思，并能根据课文回答理解性问题。

在资料收集上，笔者主要采用实地听课、记录课堂笔记、录像和访谈等方法。根据研究所得到的情况，笔者制作了如下的表格，对王、宋两位老师在体态语运用方面的差异进行了比较。[1]

---

[1] 王添淼.对外汉语教学中教师体态语的运用[J].汉语学习.2010（6）：98-100.

表2 王老师和宋老师体态语运用比较

类别	对应的词语或功能	王老师的课堂 体态语表现形式	使用次数 王老师	使用次数 王的学生	宋老师的课堂 体态语表现形式	使用次数 宋老师	使用次数 宋的学生
手势语	你们/早上/好	招手	1	1	无	0	0
	好	点头	12	0	无	0	0
	非常好/很好/好极了	手指做胜利状	6	0	无	0	0
	单个字时	一只手手掌平开，手心垂直向内，手指指向学生	21	0	用食指点	12	0
	你们	两只手手掌平开，手心垂直向内，手指指向学生	22	6	用食指点	14	0
	对	点头	12	0	无	0	0
	再想一想/不对	摇头	6	0	无	0	0
	跟我读	竖食指	12	7	无	0	2
	看	用手指指书，用手指或手掌指黑板、屏幕或实物等	2	0	只用食指点	7	0
	停	轻微拍手	32	0	无	0	0
	指示代词"你、我、他"等	都会伸开一只手，用手掌指向你、我、他	6	8	无	0	0
	表示教学	中文手势教学表示法	2	0	无	0	0
	教授词汇	做与词汇相应动作	8	5	做与词汇相应动作	4	0
	拼音声调	每次纠正学生声调错时，都辅以手势	20	8	纠正学生声调错误时，辅以手势	2	0

（续表）

类别	对应的词语或功能	王老师的课堂			宋老师的课堂		
		体态语表现形式	使用次数		体态语表现形式	使用次数	
			王老师	王的学生		宋老师	宋的学生
手势语	分小组对话或活动	手掌张开，两手心向内聚拢	2	0	一只手手掌张开，手心向下，做抓的动作	1	0
	倾听	头略微向前探	5	0	无	0	0
	引起注意	抬手或用粉笔敲击黑板	2	0	手拍讲桌	2	0
	等待	面带微笑抱手臂或双手交叉于胸前	8	0	无	0	0

类别	王老师	王的学生	宋老师	宋的学生
面部表情	面带微笑和蔼可亲，听者觉得老师可以扫视，提问时有疑惑表情，表场时有赞许表情。	有的学生表情较为丰富：没有疑问则面带微笑；如有不理解的地方会有困惑表情，回答问题、对话练习、讨论或角色扮演表现优异时，有喜悦和得意表情。	表情较为严肃，没什么表情变化，有时在学生出现错误时发笑（共4次）。	没什么表情变化，有的表情疲惫，有的表情紧张。在同学出现错误时发笑（共7次）。
目光语	授课过程中目光可以扫视，听者觉得老师目光可以盯到每一个人；与学生对话时，有目光交流；在学生回答问题、讨论或角色扮演时鼓励的眼神；当某个学生一时想不起答案时目光将移开。	学生们关注老师的一举一动，眼神中散发着自信；回答问题时希望在与老师的目光交互中得到教师对自我答案的反馈，或肯定或否定。	目光有时会盯住一个方向较长时间，与学生对话时，目光交流较少，有时直视前方。	很少与老师进行目光交流，回答问题、对话练习、讨论时有时低头，目光有时直视前方，目光较散。

表3 王老师和宋老师及学生手势语使用情况统计

统计内容	王老师	王老师的学生	宋老师	宋老师的学生
手势语种类	18	6	7	1
合计次数	189	35（不包括举手）	42	2（不包括举手）

表2和表3的结果表明：

第一，教师在课堂教学过程中都会涉及体态语的运用问题，但是，不同教师体态语的使用频率不同。王老师一节课的体态语使用次数合计189次，而宋老师是42次。

第二，每位老师使用的体态语表达方式各不相同，但可以实现同样的交际功能。比如表示"你们"时，王老师的动作是"两只手掌张开，手心垂直向内，指向学生"；而宋老师是"用食指点"。还有小组活动时，王老师是"手掌张开，两手心向内聚拢"；宋老师是"一只手手掌张开，手心向下，做抓的动作"。

第三，相同的手势语暗含着不同的含义。比如，宋老师的"用食指点"既表示"单个学生"和"你们"，也有"看"的意思；王老师的"拍手"既表示"停"，也有"注意"的意思。

第四，教师体态语的运用直接影响了学生体态语的运用。一是使用频率方面，王老师体态语运用频率高，她的学生使用的频率也较高。二是学生的体态语表达方式与教师体态语的方式基本相同，这说明教师的体态语有很强的示范作用，尤其是对外汉语教学，很多学生认为老师的体态语表达方式，就是中国人体态语的表达方式。所以，对外汉语教师体态语的表达方式在学生眼中也具有文化意义。

第五，面部表情在对外汉语教学中的重要调适作用。王老师善于利用面部表情传递信息，表达情感。她上课时面带微笑，且面部表情可随课堂情境的不同而变化，学生的表情也很丰富，课堂学习时倦怠感较少；宋老师的面部表情则较为严肃，且缺少变化，因此学生的表情也很单一，且语言学习的焦虑和疲劳感较强。所以，对外汉语教师适当丰富的面部表情，有利于创设良好的教学情境，激发学生的学习兴趣，营造和谐轻松愉快的语言学习氛围。

第六，师生间目光语的交互作用。目光语是体态语的一种重要表现形式，可以表达比语言更深切、更微妙的含义和情感。王老师在讲课前和讲课过程中，都会以炯炯有神的目光扫视全班同学，使每个学生都感觉到时刻被关注着，在稳定教学秩序的同时，也提高了学生学习的热情；在提问、学生回答问题和做练习时，王老师以柔和、热诚的目光表示对学生的热情和赞许，给予学生及时的鼓励和肯定；但有时也会以严厉的目光提醒学生集中精神或对学生的某些行为表示不满、批评和制止，这种目光语的批评方式，相对于严厉的语言批评而言，让学生有一种被尊重感。

两位教师的教学效果如下表所示：

表4　王老师和宋老师对外汉语教学效果比较

学生参与课堂活动情况		王老师的课	宋老师的课
非常积极		√	
较积极			√
不积极			
语速	快		
	一般	√	
	慢		√
错误率	低	√	
	一般		
	高		√
汉语使用情况	完全使用汉语	√	
	基本使用汉语		√

表4的统计结果显示王老师的教学效果明显好于宋老师。同时两个班级的考试成绩也可作为佐证：两班学生入学考试成绩平均分差1.56分，王老师班级的分数低于宋老师。但是，学生经过2个半月的学习以后，两班学生使用相同试卷，考试的平均成绩王老师班级分数高于宋老师2.82分。所以，对外汉语课堂教学中教师体态语的运用虽然不是决定教学质量的充分条件，但却是必要条件，教师课堂体态语的有效使用对对外汉语教学质量的提高具有监督和促进的作用。

当宋老师看到了自己的授课录像和我的研究报告后，很是吃惊，并连连说"这是我吗？竟然会有这么大的区别！"。宋老师已经从事9年对外汉语教学工作，但是研究表明，她并没有意识到体态语在课堂教学中的重要作用。

事实上，不仅是教师的语言交际，教师的每一个微笑，每一个与学生情感交互的眼神,每一个手势,教师的一举一动都可以让学生感受到教师对他们的关心与爱护。教师正是通过这些交际行为传达着真挚的情感,从而实现对学生学习的情感控制,让学生的学习情感随教学内容与教学交际行为发生良性的消长转替变化,创造着一种和谐、平等、民主的气氛,激励、引导和调动着学生的参与热情。

  王老师告诉我:我一直对教学的体态语很感兴趣。这主要是受大学时代教我英语的一位英国女教师的影响。她当时看上去应该五十多岁了。上课时,她总是眉飞色舞、手舞足蹈,讲到一些和心情有关的词,比如"郁闷""愤怒""狂喜"的词时,更是要做出相应的动作。北京的夏天比英国热得多,我们建议她讲课时动作没必要太大,她很惊讶地说:"How can I talk without my hands?"(不用手我怎么讲话呢?)写板书时,到了黑板的高处,她就一边跳一边写,且略带狂草,写到低处时,她还可以跪在地上"奋笔疾书"。虽然这些动作有些夸张,但它传递出教师上课的那种激情、那种投入,当然了,学生们也会自然而然地被感染、被吸引。所以,从那时起,我就觉得语言教师的体态语不能太单调,还是丰富一点更有利于教学。

  有位著名的语言教学专家说过,语言教学的质量=学问+教学态度。一个教师如果没有学问,对自己教的内容没有研究,当然上不好课;一个教师如果只有学问,而没有认真负责的态度,同样也上不好课。在业务不相上下的情况下,态度如何则是能否上好课的关键,所以教学态度至关重要。[1] 王老师这种积极认真地教学态度,她的这种激情与投入深深地感染着我,不仅两节课下来没有倦意,还有一种通体舒畅的感觉。我也更加深刻地感悟到,王老师这种激情与投入的背后,更多的是一种爱,一种对对外汉语教师职业的爱,一种对学生的爱,一种良好师德的体现。

三、"困惑"与"理解"

  情境 陈平老师的初级汉语课

  (陈老师正在领着学生一边读一边讲解生词)

  陈老师:客气。

---

[1] 卞觉非.21世纪:时代对对外汉语教师的素质提出更高的要求[J].语言文字应用,1997增刊.

学生们：客气。

陈老师：不客气。

学生们：不客气。

学生1："不客气"和"没关系"有什么不一样？

（这个男学生是一个以色列人。有一个美国学生很快用英文翻译了一下"不客气"和"没关系"，但是这个学生好像完全没听见别的学生的翻译，一直抬头用充满渴望的眼神看着老师，还有别的同学也在抬头望着老师。）

陈老师：好，你过来，前面。好，站这儿。

（这个学生站在讲桌旁边，面向所有的学生。陈老师从这个学生的侧后面走过来，撞了他肩膀一下。）

陈老师立刻回头说：对不起！

学生1立刻笑着回答：没关系！

陈老师：很好！"没关系"明白了？

（所有的学生都高兴地点点头。陈老师发现有个学生的笔掉在地上，他走过去捡起来交给她。）

这个学生说：谢谢！

陈老师：不客气！

陈老师与学生们一起合作运用体态语的表演，使学生们不仅深刻理解了"不客气"和"没关系"的区别，同时，也营造了一种轻松愉悦的课堂气氛。相对于国内其他语言教学，对外汉语教师体态语的运用更为重要。国内其他的语言教师，比如教授英语的、法语的，面对的学生群体几乎都是一个国家——中国的。可是对外汉语教师面向的是来自全世界的学生，比如刘涛老师的班里，虽然只有11个学生，但是来自8个国家，有日本、韩国、泰国、美国、荷兰、尼泊尔、意大利、西班牙。刘老师除了用汉语教学以外，很难借助别的语言，只有体态语是除了汉语以外最好的交流语言。我们也可以试想一下：当王丽云老师面对这些只会说"您好""谢谢""叫什么名字"这些最简单的汉语，甚至有些连这些句子都不会说的留学生时，如果王老师仍旧是同样的开场白，同样的58秒，但却是没有笑容的、严肃的、冷若冰霜的，而且也没有借助任何身势语来表示"我""你""你们""高"等这些词语的含义，那么，将会是一种什么样的情境呢？此种情境带来的教学效果也应该是可想而知的，留学生们不仅会像原来一样认为"汉语很难"，而且会认为"汉语没法学"！

体态语不仅在初级水平的汉语教学中发挥着重要作用,对高级水平汉语教学也具有重要意义。李佳慧老师正在给学生讲解"吃闭门羹"的含义。李老师并没有先用语言解释"吃闭门羹"的含义。

李老师:今天的天气好极了!我想和陈丽娜[1]一起去爬长城。所以,我兴高采烈地来到她的宿舍门口。

(李老师一边说一边走到教室门边。她先是一边敲门一边喊"陈丽娜",没人回答,所以,她开始用力地推门)

李老师看着学生们:可惜不能去了,陈丽娜不在宿舍,我吃了闭门羹。

学生们都露出恍然大悟的表情,而且每个人的脸上都绽放出笑容。可见,对外汉语课堂教学中,使用一些表演或者是体态语,非常有益于学生对某些词汇的理解,减少了学生们的困惑,尤其是对一些成语和俗语的不解。

课堂交际的目的在于教师与学生之间的理解与沟通。对外汉语教师们既可以通过适度、自然的体态语主动传达言外之意,也可以通过体态动作对语言的某些含义进行强调,避免留学生产生歧义性的理解。

四、孰"难"孰"易"

在王丽云老师班级听课的过程中,有一件事给我留下非常深刻的印象。

(这节课是有关爱好的。王老师让学生介绍自己的爱好。每个学生介绍完以后,王老师会让别的同学回答这个学生有什么爱好。有一个叫贝拉的意大利女生说自己的爱好是看电影、打篮球、看书。因为打篮球这个词有点难,所以她说完打篮球时王老师做了个打篮球的动作。等到下一个学生介绍完时,王老师才返回来问学生)

王老师:贝拉有什么爱好?

学生们异口同声地回答:打篮球。

王老师:还有呢?

停了两、三秒,有两个学生小声地说:看电影。

王老师:很好!还有呢?

(等了一会儿,没有人回答。王老师只好让贝拉自己说出答案。)

---

[1] 她班上的一个法国女孩。

事实上，对于这个汉语水平的留学生而言，在"看电影、打篮球和看书"这三个词里，"看书"对他们而言是最简单的，但是学生们却记住了"看电影"和"打篮球"。王老师打篮球的动作是对语言所传递信息的重复，这种直观的、形象的体态语能够防止或抵制外在因素对学生的干扰，对学生大脑产生一种新异刺激，引起和保持大脑的兴奋，吸引学生的注意力，从而提高学生对有效信息的摄取。王老师打篮球的动作实际上是一种图像信息，实现了学生右半脑形象感知与左半脑抽象记忆的有效结合，使教学内容具体化、形象化，增加了学生的直观认识和感性体验，实现了最佳的学习效果，也提高了语言教学的成效。

五、体态语在对外汉语不同教学环节中的作用

对外汉语教师从最初的教案设计，到课堂上交际技巧的灵活运用，每一个语音、词汇和语法的教学，都蕴含着教师的智慧，体现着教师创造性的劳动。有的教师只会让学生一味地重复某些发音，对词汇和语法的用法采取死记硬背和机械操练的方式，当然，学生也可以掌握，但课堂气氛往往很沉闷，学生们学习汉语的热情也会逐渐减少；有的教师则会通过多种交际行为，让学生比较轻松、自然地渡过难关。

（一）体态语与汉语语音和声调教学

汉语有400多个声韵母拼合，加上四个声调的区别，一共有1300多个音节。有一些音节的发音对留学生来说并不难，但有些音节对来自不同国家的学生难度各异。比如"j、q、x"对欧美学生不难，但是对日本学生来说，的确让他们"头疼"。除了音节，让所有留学生最望而生畏，且"听而生畏"的就是汉语拼音中的声调，这四个声调在其他语言的发音系统中是完全没有的。基于这个原因，对外汉语教学中开设了专门的正音课。正音课的教学对象往往是初级水平或中级水平的汉语学习者，由于他们汉语水平有限，教师不可能大量使用汉语描述语音的发音原理，而只能借助于体态语把一些看不到的发音部位和方法形象地表现出来，比如用手指模仿字母的形状，用手掌和手指模仿发音器官的形状和位置等等。

张韵老师已经教授过三年正音课，她通过自己实践和向其他老师学习，在语音教学过程中运用了丰富的手势语。具体包括以下三大方面：[1]

---

[1] 部分内容参考张园.手势在语音教学中的作用[J].语言教学与研究.2002,（6）.

第一,体态语与声母。

1.区分舌尖前音、舌尖后音和舌面前音:"z、c、s"和"zh、ch、sh、r"对于欧美学生来说较容易,但对一些华裔学生往往会有难度,因为他们的父母大多原本是中国广东人,因此受广东话的影响,发翘舌音时由于没有翘舌动作就发成了平舌音,或者是舌尖抬起时不能准确地抵住上牙床的后部。张老师通过下图的体态语非常清晰地展示出了发音的区别。

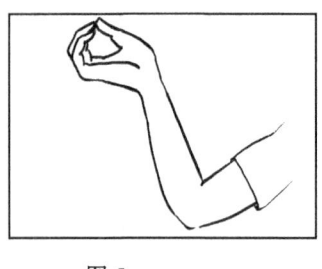

手臂在体侧,四指并拢,拇指与四指尖接触,表示舌尖和齿的接触。

图5 z、c、s

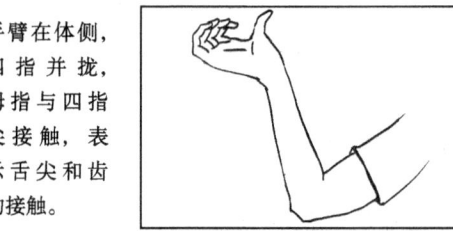

手臂在体侧,四指并拢向手心弯曲,表示卷舌。

图6 zh、ch、sh、r

"j、q、x"对泰国和日本学生来说很难。所以,在教学过程中,张老师用四指表示舌头。

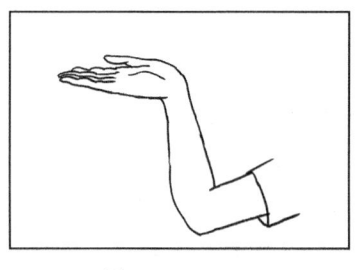

手臂在体侧,手掌伸平,表示舌面位置。

图7 j、q、x

2.区分清音和浊音:

四个手指并拢,手心向后,不触摸喉部。

图8 清音

四个手指并拢,触摸喉部。

图9 浊音

第二,体态语与韵母。

1.单韵母:汉语中有10个单韵母,用6个字母代表,以下几个音对外国人来说是难点。

第一个是"o",容易错发成"ou"。这是一个单元音,但在与b、p、m、f相拼时,辅音和元音之间有一个含混的松元音"u"。第二个是"e","o"和"e"很易混淆。所以,发"o"音时,拖长"o"的音程;发"e"时,先保持发"o"的体态,然后把嘴角逐渐向两旁展开,做微笑状,"e"音便发出来了。

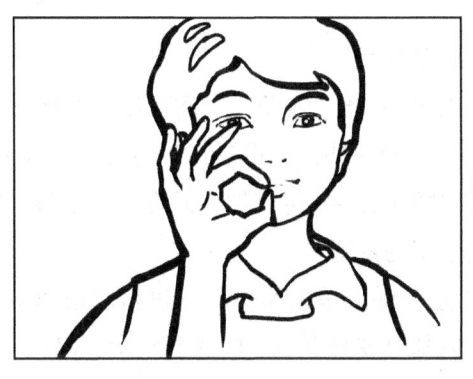

拇指和食指做o状。

图10 o

第三,体态语与声调。

外国人说汉语洋腔洋调最重要的原因就是声调的分辨障碍和记忆困难。手势语对声调学习最有帮助,通过手势的划动在脑海中留下的印记反映到神经系统,然后支配发音器官发出符合手势的音,较好地对调形和声调进行形象化的描述,提高声调教学的效果。

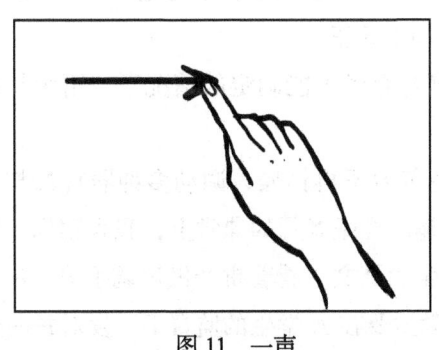

图11 一声

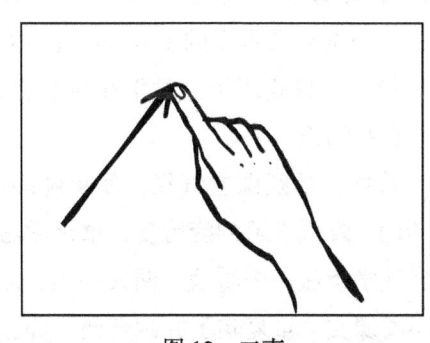

图12 二声

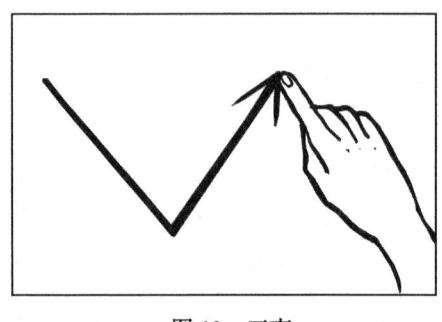 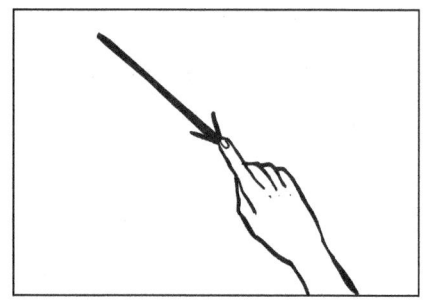

图 13　三声　　　　　　　　　图 14　四声

第四，复合体态语的运用。

如果需要，一个字的声母、韵母、声调可用复合体态语来表示。比如：争 zheng，可先做卷舌音 zh 的手势，再做后鼻韵母 eng 的手势，最后做阴平手势。如果学生发不好韵母中的元音 e，可以加上元音 e 的手势，用"zh + e + ng + 阴平"四个手势表示这个字的发音。

不仅张韵老师的正音课大量使用体态语进行汉语语音和声调的教学。在观察中，我发现王丽云老师对零起点学生的拼音教学，以及一些中高级水平的汉语教学，在纠正学生的发音时也会使用直观、形象的体态语。体态语在汉语语音和声调教学中运用的好处有以下几点：

第一，帮助学生分辨不同的音。如：日本学生分辨不清"r"和"l"。教师经常会一边念，一边在黑板上指出相对应的字母。可是运用体态语就可以随时随地表现出相对应的字母。

第二，帮助学生纠正错误。如果学生熟悉语音和声调体态语，一般不必讲解错误原因，只用体态语表示，既清楚又节省时间。比如，学生把"che"念成"ce"，只需做卷舌音的手势，学生就可以马上改正。

第三，自我纠正。学生在对发音正确与否尚不能确定的情况下，用手势可指导自我纠正。

第四，活跃课堂气氛，使单纯的语音练习不再枯燥，调动多种器官参与学习活动，降低学习的疲劳度，增加学习兴趣。在张老师的课堂上，我观察到，她经常让学生做一个游戏：两人一组，A 学生念课文，看着拼音做声调手势；B 学生不看课文，重复句子并做声调手势。B 学生要在 A 学生的监督下，发对每一个音并做对每一个声调手势。

这样，每一个声调都在手势的帮助下，在学生的脑海中留下正确而深刻的印记，这对记忆和分辨声调非常有利。我也发现，这样的练习对于外国人而言非常难，上课的时候经常出错，有时同学会失去耐心。但是在学期末评估时，很多学生都写下了正音课"有意思"、"有趣"、"我的进步很大"的评语。

（二）体态语在汉语词汇教学中的应用

对外汉语教师的体态语不仅可以应用于汉语语音和声调教学，而且如前所述，体态语也是教师们词汇教学的有效工具。一些老师告诉我，备课时他们就会认真思考，哪些词汇难以理解，可以运用体态语；上课的过程中，他们也会注意学生在教师使用体态语教授词汇时的反应，观察是否达到了便于理解的目的；课后，他们还会详细地记录词汇教学中体态语的使用情况，以及对教学效果产生的影响。教师们有关体态语在汉语词汇教学中的运用，可按汉语词性分成以下4类：

1. 指示代词

"你、我、他／她"可用食指指向不同方向，并辅以眉目语言表示。表示"我"时，食指指向自己；表示"你"时，可将食指和眼光同时指向对象；表示"他／她"时，可将食指指向对象，眼光扫视对象以外的学生。"你们、我们、他们／她们"可运用相同的眉目语言，只是手势转变为伸开双手手掌指向不同方向。"这、那"也同样可以用食指指向不同方向，比如指向身边的桌子，就是"这张桌子"，指向远处的桌子，则是"那张桌子"。尤其对零起点的学生，如果教师用汉语表示"这"和"那"的区别，学生是不可能听明白的，但是简单的体态语，学生极易理解，并可以根据老师或同学提供的词汇，进行"这"和"那"区别的演示。

2. 数字

数字在学生日常生活中广泛地使用着。如果我们一边学数字的发音，一边教给学生中国人表达数字的手势，学生不仅是简单地学会数字，还学会了一种中国的文化。外国学生一边说数字，一边用手势表示，好像是在用手表演一种中国舞蹈，不仅营造了良好的课堂气氛，还极大地增强了学习者对中国文化的兴趣。在授课过程中有的老师穿插了自编的"数字表演游戏"：学生分成两个组，A组先出一名学生，在限定时间内，演示三个数字，如9、20、45，B组的代表在限定时间内，一边读出A组同学的数字，一边在黑板写出这三个数字。最后评出胜负，失败的小组下节课表演一个和汉语或中国文化有关的小节目。

3. 表示动作的词汇

无论是初级水平的学生，还是中高级汉语水平的学生，都要学到很多表示动作的词汇。如初级水平学生学习汉语的第一个星期就会遇到"起床、洗脸、洗澡、上课、学习、睡觉"等词语，虽然教材上已配有英、韩、日等翻译，但教师如能配上体态语，或者让学生自己发挥，加上适当的体态语表演，这个词的讲解会变得更加生动、形象，学生的印象也更为深刻，易于掌握。如"吃饭"一词，如是日本或韩国学生表演，往往是一手做出端碗的姿势，一手做出拿着筷子把碗里的食物往嘴里送的姿势；而欧美学生往往是右手做出拿刀子切食物的动作，左手做出用叉子将食物送进嘴里的动作。因此，我们在用体态语进行词汇教学的同时，学生也感受到了文化的差异性，他们也希望了解不同国家的文化和风俗习惯。

对于中高级水平的学生，体态语的教学也同样适用。在中高级阶段学生会接触到一些俗语和成语，如果教师能够辅以体态语，往往比用纯语言讲解更为简单。比如"抓耳挠腮"、"把鼻子都气歪了"、"揠苗助长"、"没精打采"等等。还有一些与中国历史和文化相关的词汇，如"作揖"、"朝拜"、"纳鞋底"、"颔首"等等。

教师们还可以借助体态形位和形位变体来复习旧词、拓展新词。如：学习"哈哈大笑"一词，可复习学过的"微笑"和"傻笑"，也可以根据学生水平拓展到"拍手笑"、"抿嘴笑"、"嘲笑"、"苦笑"等等。

4. 表示情感的词汇

有时一些表示情感的词汇用语言难以解释，老师可以用表情语、姿态语和手势语来表示，如"兴奋"、"悲伤"、"郁闷"、"烦躁"等词汇。学习某些较难的俗语和成语时，如"拉脸子"、"碰钉子"、"鹏程万里"、"心甘情愿"等，教师还可设计一个情境，让学生进行角色扮演，用语言和体态语两种交际手段，演示词语的含义。

老师们还与我分享了一个他们在词汇教学时常用的游戏——"看谁猜得多"：这个游戏既可以复习旧词，又可以预习新词，还可以让学生用猜出来的词语造句或做对话。游戏内容：学生分成两组，A组先出一个同学，老师只将词语卡片展示给这个同学，此同学可以用语言解释这个词，比如"意想不到"，但语言中不能出现与此词语相同的字，同时辅以体态语，该组其他同学争取说出这个词。限定时间内，看哪组猜得最多，哪组就获胜。

（三）体态语在汉语语法教学中的应用

对外汉语教师在汉语语法教学中体态语应用的频率是非常低的。然而，语法教学又是很枯燥的，语法结构的记忆也比较难。于是，一直对体态语研究很有兴趣的王丽云老师和另外几名老师组成了一个有关对外汉语语法教学中体态语运用的研究小组。王老师告诉我，经过我上一次对她和宋雪娇老师课堂体态语运用的比较分析以后，宋老师从对体态语运用的无意识转变为兴趣浓厚，并且经过一个学期的思考和尝试，宋老师对体态语在汉语语法教学中的应用小有心得。

我：很多老师都觉得语法是个抽象的概念，很难用体态语表达。但是仅靠老师的板书讲解和机械地句型操练，学生很难记住，而且容易产生疲劳感，教学效果不太理想。很想听一听您是如何运用体态语进行语法教学的。

宋老师：我还在摸索的过程中，很不成熟。比如汉语表示过去时要加"了"，英语的时态表达方式和汉语完全不同，所以学生经常忘记加"了"。每当学生忘记时，我就用食指指向肩后表示过去。后来，我又加上食指指向地面表示现在，食指向前表示将来。学生们也都学会了，现在如果有哪个学生出现了错误，就会有同学做动作来提示他/她。

宋老师一边说，我也一边做起了这几个用"了"表达时态的动作。

我：真是简单易学啊！

宋老师：还比如"你洗澡洗了多长时间？"，这个句子的语法结构是"动词+名词+动词+时段"。在讲到这个语法点时，我们班的学生竟然自发的用体态语做起了游戏。一个同学做了两遍"洗澡"的动作，他在选一个同学，根据他的体态语做对话："你洗澡洗了多长时间？""我洗澡洗了一个小时。"还有表演"打网球"、"爬山"、"跳舞"的，非常有意思，可以寓教于乐！

在宋老师班里听她讲授语法的时候，我更是大受启发。

情境　宋雪娇老师的初级口语课

（宋老师正在给学生讲授"把"字句）

宋老师：现在我做一个动作，action，你们用一个句子说我的动作，action。看看会不会。

学生1：一个句子？

宋老师：对，一个句子，一个句子。

"实然"的声音
——对外汉语教师课堂交际研究

（宋老师走到讲台旁，拿起讲台上的一本书，她拿着这本书走到坐在教室最后一排夏丽莎的课桌旁，宋老师把书放在丽莎的桌子上。）

学生1：老师送给丽莎一本书。

宋老师：嗯，老师送给丽莎一本书，好。

学生2：你拿一本书在她的桌子上放。

学生3：老师这本书放一个地方。

学生4：老师拿这本书放在丽莎桌子上。

学生5：老师放这本书到丽莎的桌子上。

……

宋老师：好，刚才每个人都说了，你们觉得对吗？

学生们：对，对。

宋老师：哈，老师告诉你们都不对。（一边说一边做了一个两手交叉的手势）

学生们都大吃一惊：啊——！为什么？

宋老师：好，我告诉你们怎么说。今天，我们学一个汉语里面很重要，重要importmant的句子——"把"字句。

（宋老师一边说一边在黑板上写上了：老师把一本书放在丽莎的桌子上。）

事实上，看似简单的"把"字句在对外汉语教学中，既是重点，又是难点，所谓重点是因为中国人经常用；所谓难点在于别的语言中几乎没有"把"字句这种结构。语法教学很容易让学生觉得枯燥乏味，学生经常会表现出困惑和倦意。当我询问宋老师的学生，他们觉得"把"字句难不难的时候，学生们笑着说："马马虎虎"、"不难"。因为他们知道老师有很多办法让语法变得容易。

有的老师在研究过程中，也发现了几个体态语应用时应该注意的问题。

第一，一节课体态语的使用频率不能太高，否则会分散学生的注意力；第二，教师每个体态语的意思应较为固定，如果经常是随机性的，学生反而会糊涂，并且会用去过多时间记忆教师每个体态语的含义，忽视了教学的重点内容；第三，体态语应尽量准确、恰当、常用，且易于理解。

体态语在对外汉语不同教学环节中的合理运用，会使汉语闪烁出更为绚丽的火花，学生们也可以对语音、声调、词汇和语法知识"一目了然"。课堂气氛由教师只是语言讲解的乏味，变得新鲜、生动、活泼，且充满创造性。整个课堂教学也具有了一种磁场效应，牢牢地吸引着每一个学生。

对外汉语教师在课堂交际的过程中，有的教师微笑着，并能随着所讲词汇、语句，或是交际情境的变化进行表情上的调整，而有的教师则不会微笑，他们的表情是"一丝不苟"、没有任何变化的；有的教师体态语的运用很单调，而有的教师则运用丰富的体态语进行教学；有的教师体态语的运用使一些晦涩难懂的词汇和语句让学生觉得不再生疏，极易理解，使"难"变成"易"，同时，体态语的运用也强化了学生的记忆；教师们还在对外汉语教学的不同环节中进行有针对性的体态语运用。正如上文提到的，教师们这些体态语的运用对课堂教学产生了很大的影响，体态语在对外汉语教师非语言交际的过程中具有重要意义。具体而言，笔者认为体态语在对外汉语课堂教学中具有以下五方面的作用：[1]

第一，辅助作用。体态语的使用能够增强有声语言的传递力度，可以强化言语语义和增加口头语言表达的效果。在汉语教学时，教师很难做到让每一个学生听懂教师所使用的每一个词、短语和句子，但借助自身的肢体动作，教师就可进一步准确地表明自己的意图。比如李卫东老师在讲解生词时尽可能地伴随着体态语的运用；在讲解课文时也以姿势助说话，以眼神传真情，从而引起学生情感上的共鸣，使课文中的内容形象生动地呈现在学生的脑海中，加深语言信息的理解和吸收。李老师说："就体态语而言，我觉得无论是零起点的学生，还是高级水平的学生，体态语的运用对语言学习都非常有帮助。初级水平的汉语学生就更需要了，否则我只是站在那里说，没有表情，也没有动作，学生更难以理解了，只能看到一个人的嘴张了又闭，闭了又张，并伴随着一些声音。"体态语还能以"润物细无声"的作用促进师生间的情感交流。就像王丽云老师的课堂上，师生间是互动的、积极的、合作的。

同样，体态语对学生的语言表达也具有辅助作用。有研究表明，人在言语交际出现障碍时特别是在词语的提取出现障碍时，常常借助于体态语。在笔者听课的过程中，李老师问学生："你最喜欢的运动是什么？"学生回答："我喜欢……"，回答"足球"时，对这一词语的提取出现了障碍，这时学生先做了一个踢球的动作，过了一会儿，说出了"足球"。[2]

第二，替代和暗示作用。体态语的替代和暗示作用，不仅是对某一汉语词汇的替代和暗示，在组织教学上同样具有事半功倍的作用。比如李老师正在神采飞扬地上课，突然一位迟到的学生轻轻地推开了门，站在门口。此时，李老师并

---

[1] 部分内容参考王添淼.对外汉语教师体态语的运用[J].汉语学习.2010（6）：101-102.
[2] 李老师在讲解"足球"一词时，就使用了踢球的动作。所以，"足球"一词和体态语（踢球的动作）是作为一个整体储存在学生记忆中的。

没有停止上课，为了避免不良影响，她只是用微笑和点头示意学生进来，体态语完全替代了口头语言，进而保证了课堂教学的正常进行。同样，在教学过程中，当学生注意力不集中时，教师严肃的注视往往比言语的批评更有效果；学生回答问题时，教师的点头、微笑和目光既是对学生回答的肯定反馈，也是对学生的鼓励。对外汉语教学的目标是实现学生用汉语交际的目的，交际的前提是，学生敢于交际，所以，自信心的建立非常重要。这种替代和暗示，可以减少对学生自尊心的伤害，对战胜不敢开口的胆怯心理有重要作用。

第三，反馈作用。在课堂上，我们发现有的学生坐姿端正、目光注视教师、对教师的讲述有体态的反馈，并随着教师的表情变化而变化；有的学生则相反，坐姿不端正、目光游离或空洞、对教师的讲述无体态反馈，没有互动。实际上，体态语是个人内心状况和意向的主要表露形式，是学生心理的外在表现。体态语既能反映信息发出者的意图，也能反映接受者的思想。信息发出者可以通过接受者的体态语捕捉到交流的反馈信息。比如，当教学内容适合学生的兴趣和需要时，学生会发出点头、微笑和眉宇舒展等动作；当教学难度或进度超过学生的承受力时，学生会下意识地发出皱眉或挠头等体态信号。所以，教学时教师除了要注意学生的口头语言表达以外，也要随时"倾听"学生体态语言的"诉说"，并能根据学生体态语反馈的信息，分析学生的心理，及时调整教学内容、速度和方法。

第四，学习与传播中国文化的作用。笔者通过对教学录像的分析，发现有些老师的体态语种类较为丰富，使用频率较高，直接影响到学生体态语的运用情况，而且教师体态语的使用类型决定了学生使用体态语的类型。这些学生使用的体态语均是课上对教师体态语的模仿；课堂上几乎不会出现教师没有使用过的体态语；教师使用体态语的频率决定学生使用这一体态语的频率。

体态语既是课堂教学时辅助口头语言表达的交际工具，也是一种文化的载体，它是文化的重要组成部分。不同国家和民族的体态语能够折射出不同的文化环境、生活方式、思想观点、宗教礼仪、价值观念和思维习惯等。比如，王老师在讲有关中国人见面问候的内容时，一边说"你好"，一边招手。学生们立刻意识到，中国文化背景下见面问候的方式是"招手"。这就与欧美一些国家"亲吻"的问候方式完全不同。中国人见到老师或长辈时，会立刻站好，毕恭毕敬地说"您好"，日本和韩国人会一边问候一边鞠躬，往往是深鞠躬，可是欧美人则较随便，会直接称呼姓名，说一句"Hello!"。王老师上课面带笑容，表情丰富，很有激情；而有的老师表情较为单一和僵硬。在笔者对学生的访谈中，王老师的学生认为:"中国教师上课很有意思,很会表演,很亲切。""中国人很友好。"相反,如果教师表情僵硬,学生会说:"中国老师很少笑。就像我在马路上遇见的中国人一样,他们很少笑,都不太高兴。我觉得中国人是不喜欢笑的。"有的学生甚至对"中国是微笑的国度"这句话产生了质疑。文化教学是对外汉语教学的重要内容,作为课堂交际重要手段的体态语同样负有"文化使命",黏连着文化色彩。对外汉语教师在课堂上的一举一动皆具有传播中国文化的重要意义。

第五,促进对外汉语教师反思(reflection)的作用。教授正音课的张韵老师,在语音教学的过程中,不断实践和反思,并与另一位教师一起研究出一套有关汉语语音教学的手势语,取得了很好的教学效果。宋雪娇老师通过实践和反思,发现了体态语对讲授一些不易理解、较为抽象的词汇或内容非常有帮助。比如表示表情的词汇,或者类似"碰钉子"、"吃闭门羹"等词语,配上体态语的讲解,教学效果非常好。像他们一样的教师还有很多……体态语的运用与调整是一个伴随着教师自我反思的过程。近年来,反思可以说是教师教育和教师专业发展研究领域的通用词汇。反思在教育界作为一种重要思维,由杜威最先提出。他把反思看作一种对需要解决的疑难情境的思考方式,并将反思定义为"对某个问题进行反复的、严肃的、持续不断的深思"。在此基础上,舍恩提出了"行动中反思多样的实践情境时所展现的艺术性的核心"。对外汉语教师通过对教学体态语的反思,使教师从固定的理论和技巧中解脱出来,更好地处理教学情境中遇到的各种问题,变成实践中的研究者,通过教学体态语的反思构建一种新的适用于特定教学情境的理论。

体态语的运用,是对外汉语教学的润滑剂和调味品。对外汉语教学的目的是培养学生运用汉语进行交际的能力,学生用语言表达是最终的目的。所以,教师在使用体态语时切不可喧宾夺主,以至于分散学生的课堂注意力。

第二节 "弦外之音":非语词的声音信号

教学过程中,我会经常根据情境调整自己说话声音的大小,声音的长短,以及音色。这些都是我课堂教学时有声语言的弦外之音。

——邓萍

"实然"的声音
——对外汉语教师课堂交际研究

邓萍老师在给学生朗读并讲授《最后一课》这篇课文时，出现了很多非语词的声音信号，比如停顿、声音加大、语速缓慢；同样，王丽云老师在58秒的自我介绍中也出现了适当的停顿、语速放慢。这些都是除有声语言以外的非语词声音，也就是副语言。声音与语言是两个不同的概念，口头语言依靠声音来传达，但声音的类型并不仅限于语言。副语言主要对语言表达起到辅助作用，此类现象在日常生活中随处可见。我们知道，同样的语句，通过不同的语气、语调表达出来，所产生的效果会有很大的差异；同样，在语言表达中出现的叹息、咳嗽以及表达之前与之后的笑声、叫声等都会对语言表达的效果起到很大的作用。

俗话说："听话要听音。"也就是说，相同的词语在不同的语调、音量或节奏下，会表示不同的意思，取得不同的沟通效果。

一、抑扬顿挫——"把文字读活"

非语词的声音信号即副语言，就是语言的伴随性声音，主要是语言的非声音方面，包括音高、音强、音长和音色，用以辅佐语言的表达，便于信息发出者充分地表达感情。它属于语言表达的一部分，但不是语言本身。语言表达过程中，音高、音强、音长和音色四要素有机组合，立体交叉，就形成了人们所熟知的副语言伴随性声音的停连、轻重、缓急、长短、升降和语气等不同形式。这些语态形式能使语言的表达声情并茂，产生很好的交际效果。[1]

邓萍老师的阅读写作课是她所在学校的示范观摩课，她把语言教学与巧妙的副语言能力完美地结合在一起，并摸索出一套行而有效的对外汉语阅读写作课教学方法，取得了良好的教学效果。

情境 邓老师的中高级阅读写作课

多么伟大的长城，这就是无数诗人和画家笔下，就是无数歌曲里唱过的长城（温柔，娓娓道来之感）。中国有句俗话"不到长城非好汉"（语速慢），长城在中国人的心目中有着非常重要的位置。远离祖国时，中国人这样感叹："长江、长城、黄山、黄河，在我心中重千斤"（声音变大，语速缓）；国家危难时，中国人发出这样的喊声（语重心长的感觉）："万里长城永不倒！""把我们的血肉筑成我们新的长城！"（声音变大，语速缓，充满爱国情和自豪感，

---

[1] 朱永君.论非语言交际与语文教学[M].济南：山东师范大学出版社，2007.

停顿）难怪有一首歌里这样唱道："你要问长城在哪里，它就在你我的心上。"（饱含温情）对中国人来说，长城绝不只是长长的石头墙，它是一种符号，一种象征（语速缓）。

邓老师在朗读过程中运用停连、轻重、缓急、语气和语调的变化，几近完美地表达出对长城的热爱，对祖国的热爱，让外国学生深刻体悟到了长城在中国人心目中的位置，从而也深深地感染了学生。学生们通过邓老师的朗读，入情入境，更好地体悟到了文章的文字和感情的表达手法。[1] 邓老师读完以后，很多学生都在说"好美啊！""对，不到长城非好汉！"。

邓老师说：语调和语气的学习本身就是汉语教学中非常重要的一部分，尤其是初级水平的学生，一定要打好基础。初级水平教材的课后练习题中一定会有"用正确语调读句子"的练习。

我：对于中级和高级水平的学生呢？

邓老师：对于任何水平的学生，以及不同的课型，语气、语调的学习都非常重要。比如口语课，无论是初级水平还是高级水平的课文都以会话形式为主，会话中有不同的角色，老师、学生、好朋友、服务员、司机等等，不同的角色有不同的语气、语调和感情。汉语课和阅读课的课文词汇和语法的难度较高，通过学生朗读的过程就可以看出他们是否对词汇、语法和整篇课文的含义是否理解。比如刚才课文里的一句话"把我们的血肉筑成我们新的长城"，有的学生会读成"把我们的血/肉筑/成我们新的/长城"。所以，我个人认为"以读代讲"是语言学习很重要、而且很有效的一种教学方法。在讲解课文时，比如这篇《美丽的错误》，我用富有激情的语言调动和激发学生的朗读情感。尤其是阅读写作课，"以读代讲"的方法非常适用。

正如我所看到的，邓老师充满感情地读完课文以后，并没有立刻讲解课文的修辞和写作手法，而是"以读代讲"，让学生分组朗读，整节课"以读为本"。她先让学生在朗读的过程中感悟和积累，然后再进行运用，即写作练习。在感悟、积累和运用的过程中，学生们也伴随着情感、态度和价值观的提升，不仅对课文有更为深刻的理解，写出来的东西也蕴含着丰富的情感。

我：您觉得学生把大部分时间都用在朗读上，会不会影响教学进度呢？

---

1 王添淼.语言交际与非语言交际的融汇与综合——国际汉语教师课堂教学策略探究 [A]. 汉语国际传播 [C]. 北京：商务印书馆，2013.

邓老师：我原来也很担心这个问题，但是"以读为本"的教学过程中，教师不用再有烦琐多余的内容分析和串讲串问，而是着力于引导学生运用正确的汉语语气和语调进行有感情的朗读。如果课堂时间不够，作业就是朗读课文。我们可以试想一下，就算作为一个中国人，汉语是母语，如果想朗读好一篇文章，你一定要明白文章中词汇和句子的意思，以及文章的感情色彩和深刻含义。留学生如果想把课文朗读好，这些方面就更是要多下功夫了。所以，不要小看朗读这项作业，要想取得好成绩是很难的。

学生们又是如何看待他们的朗读作业的呢？

我：你们需要多长时间完成你们的朗读作业？

学生们：如果不想要好成绩，当然很容易；但是要有好的成绩，就要很长时间了。

留学生们还给我展示了邓老师发给他们的朗读作业评分表（见表5）。

表5 朗读作业评分表

姓名	词句(10)	语音(10)	表演(10)	总分(30)
1				
2				
3				
4				

1. 词句10分

（1）能够认识全部文中词句，读音和停顿全部正确。10分

（2）能够认识90%文中词句，读音和停顿90%正确。8.5-9.9分

（3）能够认识80%文中词句，读音和停顿80%正确。7.5-8.4分

（4）能够认识70%文中词句，读音和停顿70%正确。6-7.4分

2. 语音10分

（1）发音自然，流利，听起来清楚、轻松。10分

（2）发音清楚，但有洋腔洋调，比较流利，90%能听懂。8-9.9分

（3）洋腔洋调严重，不够流利，80%能听懂。7-7.9分

（4）不流利，70%能听懂。6-6.9分

3. 表演 10 分

（1）朗读充满感情、语气生动，有感染力。10 分

（2）语气自然，比较有感情，较生动，较有感染力。7.5-9.9 分

（3）有一点儿感情，有一点儿生动，有一点儿感染力。6-7.4 分

（4）没有感情，不生动，无感染力。6 分以下

看了这张评分表，我们不难想象作为一个留学生想在这项朗读作业上取得高分的难度。

语感对于语言学习非常重要。邓老师朗读的过程很好地培养了学生的语感。她已经教过三轮阅读写作课，实践证明学生们很喜欢这种"以读代讲"的方式，他们的阅读和写作能力都有明显提高。邓老师还会在学期快结束时，进行一次朗读比赛，每个学生都要参加，比赛的内容就是本学期学过课文的一部分，邓老师还会给每个学生的朗读进行录音。

学生们也告诉我：自己朗读和听同学朗读是一种享受。

我：这种教学方式对教师有什么特别的要求吗？

邓老师：应该说对教师的要求还是比较高的。我备课时首先备"朗读"。课堂教学过程中，我会根据讲课内容的感情基调和学生听讲的状况和精神状态调整自己的语气、语调和语速，以及讲话的轻重缓急。即使学生的注意力十分集中，我也会注意语速和语调的变化。如果教师总是用一种语调和语速说话，学生极易疲劳。

朗读是一种表达，是替作者表达。邓老师的朗读有声有色，声情并茂，赋予作品以生命，这可以说是一种艺术。

邓老师：教师要首先把文字读活了。以情激情，学生们才能够以读悟情。否则又怎么能够激起外国留学生对密密麻麻的、难度如此之高的汉字的阅读兴趣呢？！

听邓老师有感情的朗读是一种享受，听邓老师学生的朗读也是一种享受，和邓老师的促膝长谈更是一种享受。对外汉语教师和留学生常常抱怨阅读写作课死气沉沉的，所以，一些学校的阅读写作课都改为了选修课。但是在邓老师的课堂上，教师与学生之间共同入情入境的朗读，让课堂充满着活力和情趣。第斯多惠说："教学艺术的本质不在于传授的本领，而在于唤醒、激励与鼓舞。"邓老师

"以读代讲"的教学理念、教学设计、教学艺术、教学语言、教学热情都值得老师们很好地学习和借鉴。

不仅是阅读写作课的教学，其他课型中，老师们也在借助非语词的声音信号使自己的课堂语言变得更为生动。比如，有的教师在课堂交际中，为了吸引学生的注意力，减少学生的疲劳感，会根据情境变化自己的声调、语速和声音大小。学生们也觉得，如果老师只有一种语速，语气也没有变化，"好像催眠的歌，很想睡觉"。研究对象们这些适时适度的语调、语速、音量等的变化，也是他们对学生一种感情的倾注。非语词声音信号的运用能使课堂变得跌宕有致，虎虎生气。

二、咳声、掌声、笑声——"无言的表达"

笑声、掌声和咳嗽声是对外汉语教师常用的表意的非语言发声。笑声表示高兴、掌声表示欢迎、咳嗽声表示身体不适，这是人们所熟知的这些声音本身的原始含义。可是，当它们置身于特定的语境中时，就可以表达出词语本身所不具备的思想、情感或其他信息，他与伴随性声音一起使语言更为生动、活泼、含义丰富。宋志文老师课堂上非语词声音的交际方式，让我对教师的咳声、掌声和笑声有了更为深入的理解：

上课铃响了，宋老师发现大部分同学都已坐好，可是有几个学生仍在议论着什么。宋老师轻轻地咳了一下，并用目光注视着仍在说话的几个学生。学生们意识到了宋老师"咳"的含义，立刻安静了下来。

宋老师正在提问，有一个学生的眼睛正望向窗外，宋老师又是轻轻地一"咳"。那个学生的注意力立刻回到了课堂。

宋老师每周会安排一位学生演讲，每个学生讲完，宋老师会和其他的同学为这位学生的精彩演讲送去掌声；上课的时候，哪组的对话或者角色扮演很精彩，他也会和其他的学生为这些做得好的学生送去掌声。

宋老师这些无言的表达，很多时候都起到了"此时无声胜有声"的作用。比如，学生上课溜号是难以避免的，如果老师严厉地或声音很大地斥责他，实在没有必要。……当学生有优异表现的时候，宋老师不仅会称赞他们"很好"、"太棒了"，同时也会和其他的学生一起鼓掌，表示进一步的鼓励和称赞。这样一来，学生的成就感和自信心会更强，也利于集中其他学生的注意力，活跃课堂气氛。

当某个学生难以回答教师的提问或回答错误时，宋老师都会微笑地看着这个学生。宋老师也会因为学生出色的语言表达，而发出兴奋的、欣慰的笑声。

宋老师也有豁达的笑声。有一次宋老师在黑板上写了几个汉字，有一个汉字的偏旁写错了，学生立刻指了出来，宋老师的脸"唰"地一下红了，可他仍然笑了，一种豁达的笑声。笑声很重要，课堂教学是不能没有笑声的。

声音是语言的载体，没有声音，就不能完全发挥语言的功能与作用。声音是影响人们形象的重要因素之一，一旦人们开口说话，话语的形象就压倒视觉形象，成了最重要的了。从上面的课堂非语词声音的交际情境，我们发现，有的时候，重要的不是教师说了什么，而是教师怎么说，用什么声音说，或是伴随着什么声音。经常有这样的情况，教师的声音和语调比说话所用的词语本身更有意义。所以，听话人要努力从说话者的语音、语调、语气中引出信息来。因为相同的词语在不同的语调、音量或节奏下，会表示不同的意思，取得不同的沟通效果。同时，教师的笑声、掌声、咳声等功能性发音在课堂中能够起到鼓励、赞许、提示的作用，而语调的轻重缓急与变化则予以学生适当的提示，它们构成对外汉语教师的重要教学手段。

非语词声音信号具有巨大的信息传递功能。不管是教师抑扬顿挫的声音，还是会心的笑声、善意的咳声，还是鼓励的掌声，它们在课堂交际中都有着语言不可替代的作用，具有不可或缺的调节功能。在非语词声音信号的辅助下，教师的语言表达变得声情并茂，从而构建了留学生愉悦的汉语学习心理气氛。非语词声音信号是师生交际的重要桥梁，一名优秀的对外汉语教师应该能够把高超的语言能力和巧妙的副语言能力完美地结合起来。

第三节 "衣服也会说话"：服饰的作用

衣服也会说话。

——陈丹阳

常言道"人靠衣服马靠鞍"，服装最直接作用于人的身体，体现了人区别于动物的本质特征和社会属性。老师们都认为，服饰在教学的过程中有一定的作用。陈丹阳老师说"衣服也会说话"。英国著名体态语言学家 D. 莫里斯曾明确指出："穿衣服不传递社会信号是不可能的。每件衣服都记录穿着者的一段故事，而且常常是很微妙的故事。"[1] 衣着被感觉，既影响感觉者的行为，又影响穿衣人的行为。对外汉语教师们的衣服又都记录着一段段什么样的故事呢？教师们是如何运用自己的服饰来展示心灵、表现审美情趣、交流情感和传播中国文化的呢？

一、"第一印象"

在我就服饰问题对老师进行访谈时，很多老师都明确地表达了自己的观点："衣服也会说话"、"衣服是第一印象"。在对外汉语教师与学生的交往中，教师给学生的第一印象就是服饰，教师一走进课堂，还没等开口讲话，教师的服饰就已经引起学生的注意，在向学生说话了。

邓萍老师每次上课的服饰都非常正式。

我：每次上课之前，您会考虑穿什么衣服吗？

邓老师：会的。

我：您准备上课的服饰时，会考虑到学生的因素吗？

邓老师：当然。我要让学生感觉到我是尊重他们的，课堂是严肃和认真的。所以，我都会穿上比较正式的服装。这也能显示出教师的权威性，教师就是教师，学生就是学生。

很显然，邓老师认为教师的服饰是一种教师权威的象征。

我对李佳慧老师有关服饰的访谈：

我：每次上课之前，您会考虑穿什么衣服吗？

李老师：还好吧。我觉得穿起来舒服就可以啦，当然也得穿起来像个老师的。

我：您觉得什么样的服饰比较像老师呢？

李老师：大方的、文明的、得体的，不能太休闲，也不可太暴露。

我：您准备上课的服饰时，会考虑到学生的因素吗？

李老师：会的。教师与学生的交际对教学质量有很大的影响。教师应该让学生觉得很亲切，减少距离感，所以着装不能太正式，会显得太严肃，尤其是欧美学生，就更不习惯了。记得刚当对外汉语教师的时候，我是受中国

---

[1] 庄锦英等.教师体态语言艺术[M].济南：山东教育出版社，1993.

传统教育观念的影响，以及我自己的受教育经验，觉得老师应该具有权威性，所以总是穿套装，很正式。有一天几个留学生问我："老师您要去开会吗？您是学院的领导吗？"还有，天气暖和的时候，学生们喜欢在草坪上学习，进行对话练习和语言游戏，所以就更要休闲一些的。

我也在留学生中进行了有关他们喜欢教师穿什么样衣服的访谈。大部分西方学生喜欢老师穿得休闲一点，否则他们觉得太严肃，上课时有点害怕用汉语交际；一些亚洲国家的学生觉得老师穿着正式或者休闲的服饰都可以，对他们的课堂交际没有什么影响；还有一些学生认为，教师的服饰只要整洁、干净就可以，因为这表明了教师的"卫生状态"，如果教师的"卫生状态"不好，他们真的就不喜欢来上课了。

教师对自我服饰的选择，在一定程度上反映着教师潜意识中对自己身份的确认。"师道尊严"是中国传统的教育理念，中国教师总是希望自己在学生心目中成为一种规范的警醒和权力的象征。但是，正如李老师所述："这种想法有可能拉大师生交际过程中的距离感。"对外汉语教学是一种语言课，学生交际能力的培养是语言教学的核心；同时，对外汉语教学的教授对象，往往远离家乡，来到中国求学，如果教师没等开口，仅是服饰就让学生畏惧，这必然会增强学生语言学习的焦虑感，培养交际能力的教学目标也难以实现。李老师认为"得体的服饰可以让我和学生走得更近"，这种良好的自我感觉，也可以增强教师在课堂交际过程中的自信心，更具亲和力。当我们的服饰和学生走得更近时，学生们会说"老师你的衣服很好看，你很漂亮"，这就是学生眼中的美丽。

二、服饰与教学

教师们的服饰讲述着自己的故事，李卫东老师就有一段很微妙的衣服的故事。下面是李卫东老师在其教学日志中的一段记录：

今天教授有关颜色的词汇，所以我穿的衣服上有很多种颜色，我也提前告诉学生穿着不同颜色的衣服。上课时，我和学生们一起做"猜猜他/她是谁？"的游戏：首先让学生记住同学们衣服的颜色，老师也可参加；然后，分成两组开始比赛，A组选出一个代表背对着大家，B组说出一个同学衣服的颜色，A组的同学把穿该颜色衣服的学生名字说出来。因为衣服既包括上衣，也包括裤子，而且不同部位的颜色也不同。所以，通过这个游戏，学生们不仅掌握了有关颜色的词语,还复习了我们刚刚学过的表示人体部分的词汇,并且拓展了一些不同服饰的名称,如"夹克"、"运动服"、"牛仔服"等等。衣服也是一种教学工具,教师在选择教学服饰时,也应考虑教学内容和教学目标。

教师的服饰既是教师内心修养、品格气质的外部流露,同时,一身得体的服饰,也能够激活教师在教学过程中的创造性,充分发挥教师的教育机智。在对外汉语教学中,教师们不仅把服饰运用于词汇教学中,在阅读课上,"服饰也创造了美的奇迹"。

陈丹阳老师今天要讲授《春晓》一文,这是一篇风格明快的抒情散文。我注意到了陈老师今天的穿着,一件浅绿色的毛衣,毛衣上有一个绿叶衬托着的粉红色郁金香的图案,一条藕荷色的毛制长裙。整个人显得典雅而知性,充满春天的气息。

陈老师说:散文在留学生教学中的难度是比较高的,学生很难进入到作者的境界。但如果教师能够创造一种情境,学生就会愿意跟着老师走进作者的心灵,从而加深学生对课文内涵和情感的把握与理解。我今天的衣服就是暖色调的,这样能让学生们有春回大地、生机勃勃的感觉。

李老师和陈老师在选择服饰的过程中,都已意识到了服饰与教学目标和内容的关系。教师应该根据本课的教学目标和内容,选择适当服饰风格与色调,表达自己的思想、感情和追求。正像陈老师说的那样,"衣服也是一种教学工具",教师的服饰是实现良好教学效果的助推器。虽然在大多数的教学情境中,教师的服饰不能够直接传达与教学内容相关的信息,但是,毋庸置疑的是服饰是影响师生互动和教学效果的一个潜在的不可忽视的因素。教育学的研究也表明:教师的服装样式陈旧,色彩单调,对课堂气氛和学生的情绪会起间接的消极影响。衣着拖沓、面容疲惫的教师,更容易让学生昏昏欲睡。[1]

这也让我想起了一篇留学生作文中的描述:

他身着不太干净的衣服,故作儒雅;看上去已经过时多年的服装松垮的悬挂在他有些营养不良的骨架上;衣服的颜色是单调的,且明显退色;图案是混乱的,能够让学生迷眼和眩晕的……总之,这位老师是不成功的,而且也不可能成功的做一个男人。

---

[1] 江家齐编著.教师的新形象[M].广州:广东教育出版社,1993.

三、服饰与文化

教师的服饰是学生对教师的第一印象，能够传达教师本人的很多信息，如性格、习惯、爱好等。同时，也促成了个人的自尊和对他人的尊重。就对外汉语教师而言，服饰更为重要。因为我们面对的是来自世界各国的学生，有很多是第一次来到中国、接触中国人，所以我们的服饰不仅代表中国的教师形象，更重要的是代表着国家的形象。如果出国教学就更为重要，因为国外有很多人没有来过中国，汉语教师可能是他们第一次近距离接触的中国人，难免会觉得"啊，这就是中国人，这就是中国"。所以，对外汉语教师的衣服在传递文化，是外国人了解中国的一面镜子。

在邓萍老师的授课间歇，我也听到这样一段对话：

（课间，一个刚来中国的留学生走到邓老师旁边）

学生问：老师，您知道教我们口语课的那位老师吗？他的衣服不仅是破的，而且总是很脏，上面有很多油，还有很难闻的味道。他好像也不喜欢洗头发。中国男人都是这样吗？

邓老师立刻做了解释：这个老师比较特别，他最近很忙，可能没有时间吧。

后来，邓老师告诉我：说实话，这个老师总是这样，你说缺钱吗？根本不是，他就是完全不注重仪表。

其他的留学生又是如何评价教师服饰的呢？一次偶然的机会，我听到了几个欧美学生对教师衣着的评论：

一个说：我的听力老师喜欢穿套装，中国人应该是比较严肃的；

另一个说：不对，不对，我们班的老师喜欢穿休闲的衣服，中国人是比较随意的，容易接近的；

还有一个说：我的老师穿的是名牌，英国的Burberry，中国人挺有钱的，喜欢穿名牌；第四个学生说：我的老师的衣服感觉很便宜，中国人还是很穷吧，或者比较朴素。

服饰对每一位对外汉语教师来说都有着它的含义，有的老师觉得服饰可以"象征教师的权威"，有的老师认为"服饰应和学生走得更近"；服饰也可以成为教学的助推器；同时，对外汉语教师的服饰既代表着中国教师，也代表着中国人，更是中国文化的展示。黑格尔认为："服饰本身没有生命，因为人穿上它，灌注了人的精神，它才体现了真正的美。"[1] 服饰对于优化对外汉语教师个体形象，乃至中国人的形象，增强教师教学魅力，提高教师威信和教学效果等方面都具有重要作用。教师对教学服饰的选择不仅体现了教师对自己的了解程度，还蕴含着教师本人的职业观、教师观和学生观。教师对服饰的理解和在课堂上的穿着，也深深地影响着学生，正像老师们所述"衣服会说话"，衣服会告诉学生老师的所思、所想、所盼。加里宁就曾指出，教师的仪表"会在某些学生身上永远留下痕迹"。可见，教师仪表的示范作用是不可代替的，服饰是教师成功地进行教学的良好开端和必要条件。通过服饰，教师按照自己心目中的教师形象设计自我，确立自己的身份和地位。但是，就对外汉语教师而言，作为一种较为特殊的教师群体，不仅体现教师本人的形象，体现中国教师这个职业群体的精神风貌，在某种程度上还代表着中国人的形象。老师们有关对外汉语教师服饰的评论可以归纳为三层含义：第一，"我是教师"——确立教师个人的身份；第二，"我代表中国教师"——确认中国教师群体的身份；第三，"我代表中国人"——确认中国人的身份。由于教学对象的特殊性，自我地位和身份的确认是对外汉语教师选择教学服饰的一个重要特征。

第四节 "小物件大作用"：随身用品

学生们说我这是"宝物包"，里面的物件虽小但作用很大。

——宋志文

随身用品虽并不能构成一种语言，但它和个体心理联系在一起时，就会成为个体身体和思想的延伸，它与体态语言的配合，可以表达出特殊的思想和感情。苏联教育家马卡连柯甚至认为："从口袋掏出揉皱了的脏手帕的教师，已经失去当教师的资格了。"[2] 例如，西方非语言交际学家对眼镜在交际中的作用进行了大量研究，研究结果显示：人们可以运用眼镜表达内心活动和传达交际信息。师生中戴眼镜者较多，学生对戴眼镜的教师的定型见解是：有学问，文质彬彬。同时还常有这样一种感觉，似乎戴眼镜的教师更温和些，但不够活泼，有时显得

---

1 杨明森. 教师美学 [M]. 北京：职工教育出版社，1989.
2 吴也显. 教学论新编 [M]. 北京：教育科学出版社，1991.

保守。教师对戴眼镜的学生也有一定的看法：勤奋、用功。总之，教师戴眼镜的积极效应应大于消极效应。而且随着学生对教师了解程度的加深，这种消极效应会被完全消除，毫无痕迹。[1] 除了手帕、眼镜等等，教师的其他随身用品也具有一定的信息传播功能。

我和宋志文老师是多年的同事，每次上课他都会背着个双肩背的大书包，学生们说"宋老师有一个'宝物包'"。

有一次我打趣地问他："要徒步旅行吗？"

"别开玩笑了，还有课呢。"他回答。

"跟学生一起旅行！哈，不开玩笑了。您每次上课差不多都会背这个大包，都是什么宝贝啊？"我好奇地问。

他笑答："宝贝多了！学生们说我这是'宝物包'，里面的物件虽小但作用很大。"

我回答："这么神奇？！改天给我展示一下，我也见识见识。"

不仅宋老师有自己的随身用品，还有很多老师上课的时候也会带一些他们认为必备的、有利于课堂教学的用品。但同样也有一些教师，他们会十年如一日的，随身用品只有教材。人们常说"兴趣是最好的老师"。心理学研究表明：动机是影响学习的重要因素，而兴趣是学习动力中最为活跃、最为现实的心理因素。对外汉语教师随身携带的一些能够吸引学生注意、让学生感兴趣的东西，能够充分调动起学生的注意力，增强学生获得知识的渴望，从而达到启发思维，促进汉语学习的效果。

一、宋老师的"宝物包"

宋老师向我细数了"宝物包"里的各种"宝物"。我也进而开始了访谈：

我：上课的教材是必须要带的，还有一本大的汉语词典也会用到。可是还有一个微型笔记本电脑，您上课的教室不是多媒体的吗？可以直接展示您的课件啊？

宋老师：没错，可以展示课件，但不具备无线上网功能。如果来到学校后，突然想到什么问题、或者学生课堂上提到的难题，我就可以立刻上网搜索答案。

---

[1] 朱永君.论非语言交际与语文教学[M].济南：山东师范大学出版社，2007.

我：学生的问题下节课再解答也没有关系吧？

宋老师：我开始也是这样想的，而且是这样做的。可是有一次我无意间把笔记本电脑带进了课堂，及时上网解答了问题，效果非常好，从学生的眼神中就能感觉到。你会觉得问题及时解决后，他们好像眼前一亮，否则的话，他们仍困在那个问题里，很难投入到接下来的教学活动中。另一方面，学生虽然不再询问这个问题，但他们依旧迷惘的眼神也会影响到我的自信和激情。

我：还有苹果、橘子、葡萄、香蕉、火龙果，好多种啊！您吃的，还是和学生一起分享的？

宋老师：你摸一下。

我：（我愣了一下，用手摸了摸）塑料的？！

宋老师：今天的内容是有关购物的，有一个对话是在水果摊买水果，所以带了这些道具。比如前一课是去中国饭馆吃饭的，我还给他们准备了带有中国菜图片的菜谱。有了这些道具，学生们特有兴趣。

作为第二语言教学的汉语教学与第一语言教学有着相当大的差异，很多在第一语言教学中不是问题的问题，在第二语言教学中却都成了问题。比如对中国人来说，都见过"对联"、"枣"是什么，教中文时你只告诉学生应该怎么写，或者意思就可以了。但是对于留学生，这样的东西非常陌生，就算有英文解释，他们还是不明白。此时课堂交际过程中的实物展示非常重要，这些实物可以使教师费尽口舌都难以讲清楚的东西变得一目了然。还有很多中国的菜名，如果留学生品尝过，教师教授起来还较为容易，否则仅凭翻译，学生们仍会一头雾水。

看着宋老师背着大包，兴致勃勃地走进教室的背影，我不禁汗颜。期末时，学生们送给他一件礼物，一件白色的体恤，上面是班上的一位荷兰学生为他做的漫画像。结业那天，班里的同学和宋老师在教室和校园里合影。照片里的每一个人，都穿着同样一件体恤：白色的，印有宋老师画像的体恤。

二、"请大声说"的纸扇

刘涛老师上课总是带着一把扇子，不论春夏秋冬。

我：您为什么总带着一把扇子，大冬天的也带着呢？

刘老师：不知道了吧。我大学上英语课时有一个外教，是个很风趣的人。

如果学生上课发言声音太小，他会打开一面纸扇，意思是"请大声说"。我的这把比他那把漂亮多了，上面都是京剧脸谱，也顺便传播一下中国文化。

人们在表达自己的思想或情感时，为突出或增强自己的意愿，往往会借助一些物品予以强化。刘老师告诉我这种提醒学生大声说话的方式，可以让学生在轻松、活泼的氛围中，自然而然地加大声音。学生们在学习过程中伴随着这种愉快的情绪体验，有利于产生进一步学习汉语的需要。学习兴趣浓厚、积极性高的学生能够专心听讲，认真主动地学习，有强烈的模仿欲望，遇到困难能发挥主观能动性寻找解决途径。

三、一种颜色的白板笔

王丽云老师教学日志的一部分：

今天我去听了一位老师的语法课。为了便于学生更好地理解，这位老师一边讲一边把语法结构和例句都写在了黑板上。但她只用一种黑色的笔，写了一白板的黑字。白板配黑色的笔当然是最醒目的。可我发现，如果整个白板都是黑字就不醒目了，尤其是讲到语法结构时，本来就晦涩难懂，一白板的黑字，重点反而难以突出。其次，和谐、活跃的气氛对语言课教学来说非常重要，白板上出现太多黑字，我都觉得太严肃，有点死气沉沉，甚至犯困。随后，我还问了问学生的想法，他们也认为重点部分可以换一下颜色。反思一下自己，跟这位老师也是如出一辙。从明天开始，我最少要带三种颜色的白板笔：黑色、红色、蓝色。

在对外汉语课堂教学的交际过程中，教师常常会借助于一些随身物品来辅助或强调自己的表达：王老师有关三种不同颜色白板笔的心灵感悟；宋老师的"宝物包"；刘老师这把会说话的、传递着中国文化的纸扇；还有的老师为了强调，用粉笔点击黑板上的板书；为了提醒学生注意，用黑板擦敲击讲桌，等等。在对外汉语教学中，这些随身用品既影响着学生对自己的感觉，也具有一定的信息和中国文化的传播价值。《世界教育艺术大观》上有一段话：英语国家的教师上课时经常会背着一个鼓鼓囊囊的背包，里面有书籍、各种颜色的练习材料、吃的甚至玩具，一应俱全。上课时，教师会不时变戏法似的掏出一些材料发给学生，做得好的学生还会得到食品、玩具的奖励，有时这些食品、玩具也会被用作上课的道具。中、小学生们对教师的背包充满了一种期待,争先表现自己。[1] 黄晓颖指出,"在对外汉语教学中,使用实物教具往往会收到事半功倍的效果。特别是初级班,学生还听不懂汉语的解释,此时应该尽量多用实物或图片去教生词,这样既省时又形象,而且便于学生记忆。即便是中高级班也会遇到某些难以解释的词语,像景泰蓝、刺绣、绢花、陶和瓷的区别等等,这些也最好借助实物来讲解"。[2] 面对来自异国他乡的留学生,对外汉语教师常要借助语言之外的方式来传达自己的思想。这一过程是艰辛的,与之相伴随的是教师不断地试探、思考与总结。

第五节 "交往无障碍":空间信息

不是我喜欢运动,而是为了让学生们交往无障碍。

——宋志文

宋志文老师不仅喜欢背个大包,他还喜欢"运动",这里的"运动"有着特殊的含义……

情境 宋志文老师的中级口语课

今天是宋老师的口语课,他总是提前五六分钟来到教室,第一,要找个位置安放他的"宝物包";第二,挪动桌椅。走进教室后,他叫同学们一起帮他把桌椅摆成 U 型。

上课铃响了。首先是听写上次课学过的生词,宋老师一边走一边听。他发现有一个学生偷偷地看了一眼书,宋老师并没说什么,而是走过去,把他的书挪了一下儿。

在整个授课过程中宋老师很少站在讲台后面,而是站在讲台前面。他经常在教室里走动。发现有学生注意力不集中,他就会一边讲一边朝那个学生走过去,往往是他还没走两步,这个学生就会立刻意识到,并迅速地将注意力转回课堂。

课堂人际空间指师生和生生在课堂中的相对位置(接近度)以及处于相对

---

[1] 贺雄飞.世界教育艺术大观[M].呼和浩特:远方出版社,1996.
[2] 黄晓颖.对外汉语教学的备课艺术[J].汉语学习,2004(3):74.

静态的讲台、课桌的摆放形式。[1] 美国著名学者、近体学的创始人爱德华·霍尔（Edward. T. Hall）认为"空间会说话"，他指出"空间的变化会赋予交流某种格调，对其加以强调，有时甚至会否定言词信息所表达的内容"。[2]

一、"精心"的座位排列

我：您每天上课前都会挪动桌椅的位置吗？

宋志文：那倒不会。因为我们的教室不是专用的，每个班的学生人数不同，有的班人数太多没办法排成U型。不过，如条件允许我还是倾向于U型的坐法，这样的座位排列让我与学生很贴近。

宋雪娇老师则认为：传统的座位排列方式很好，有利于学生集中注意力，教师也能够及时监督每一个学生。

对外汉语课堂交际过程中，教师是否能够寻找到一种座位排列方式实现教师与学生、以及学生与学生之间的无障碍交际是非常重要的。语言专家也指出，语言教师一节课最多讲三分之一，其他时间都应该留给学生。

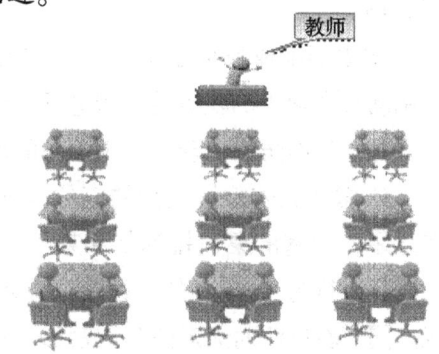

图15 秧田式

中国传统的座位排列是封闭的，是一种秧田式的（如图15）。学生与学生前额对后脑，左肩邻右肩，一致面向教师和黑板，教师可以一览无余，监控学生们的一举一动，便于教师的"一言堂"，学生参与的机会不多。同时，这种紧张和压抑的氛围，往往会限制学生人际交往的质量和数量。相对于U型（如图16）（也称为"马蹄型"或"半圆型"）排列而言，学生个体之间的交际范围狭窄，

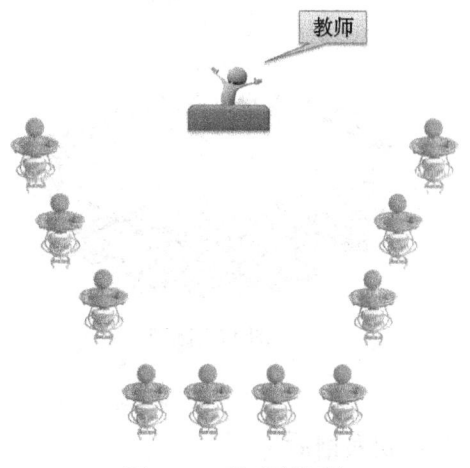

图16 U型（马蹄型）

---

1 张东娇.教育沟通论[M].太原：山西教育出版社，2003
2 爱德华·T·霍尔著.无声的语言[M].刘建荣，译.上海：上海人民出版社，1991.

一般只发生于同桌的两个学生之间,而且一旦两人出现矛盾或冲突,交际就更难以实现。U型的排列方式,使学生间的交流变得完整,教师处于"U"字缺口的对面,教室和学生以及每个学生之间的目光接触频率都会提高,而且在教师关注每个学生的同时,更便于学生间的交流与相互约束。教师和学生在民主而轻松的氛围中,讲解、讨论、练习、答疑,实现着信息的传递和知识的交流,激发着学生参与课堂活动的积极性和创造性。

分小组练习的方式是对外汉语教学重要的教学方式,包括分组对话练习、讨论、分组报告,还有按照情境分小组角色扮演练习。在宋老师的课堂里,有时又会有一些小组练习,这时宋老师会采取圆型和模块型座位排列方式(如图17、18)。

学生们围成环形小组或在长方桌旁聚集在一起,进行讨论与合作学习。为了调动每个学生的积极性,宋老师还设计了一套卡片,包括主持人、发言人、讨论者等,从而防止出现学生不参与的现象。

宋志文和宋雪娇老师的座位排列都是经过"精心"考虑的。教育专家的调查显示,教室的桌椅排列如果趋于定势,学生的问题行为就会形成习惯,或成为无意识行为。[1] 单一的一种座位排列方式不能满足所有教学行为或活动的需求,就如同"教有法而无定法"。灵活地安排座位以促进师生之间、生生之间的沟通,这是对外汉语教师在课堂可以运用的一项技巧。

图17 圆型　　　　　　　　　　图18 模块型

二、讲台前后

教师在课堂上所处位置的不同,与学生距离的不同,都会给学生带来不同

---

[1] 施良方.教学理论:课堂教学的原理、策略与研究[M].上海:华东师范大学出版社,1999.

的心理感受，产生不同的效应。一个研究显示：教师在距离学生2～3.5米的地方，可以产生一种控制效应。如果超过4米，甚至更远，会使学生感到老师傲慢，难以接近。人们在交际中，经常会利用相对位置作为信号来表达一定的意思，利用空间距离交流思想感情，人际间的距离含有丰富的信息。霍尔在《无声的语言》(The Silent Language)一书中指出，每个人都有自己独有的空间需求，大部分人都有四个空间区：亲密空间（15～46cm），个人空间（46cm～1.2m），社交空间（1.2m～3.6m）和公众空间（大于3.6m）。当这个自我空间被人触犯就会感到不舒服，不安全，甚至恼怒起来。[1]

我：您很喜欢在教室里走动，听写的时候、讲课的时候、学生做练习的时候。

宋志文老师：是的。听写的时候走动，可以根据学生情况，随时调节听写速度。不过，我一开始当老师的时候，也不是这样。那时的活动空间仅限于讲台和黑板之间。但后来我发现，上课时，教师在教室里走动，调整与学生的距离，既有利于我及时地了解学生的状态，也有利于帮助学生集中精力学习。当然，不可以过于频繁，这样反而会适得其反，分散学生的注意力。

我：怪不得，那个溜号的学生，您还没走出两步，他的注意力就转回来了。您好像也不太喜欢站在讲台后面，为什么呢？

宋老师：我是觉得站在讲台后面好像高人一等似的，离学生太远了。

听着宋老师的话，我不禁想起学生时代，教室里那厚厚的三尺讲台，正襟危坐的教师，言听计从的学生……教室是师生交流最基本的场所，是教师"传道授业解惑"的地方，教室的座位安排，教师和学生以及学生与学生的体距，讲台的有无，讲桌的设计都在提供着课堂交际的信息。与宋老师相比，有的对外汉语教师怕到教室，怕见到学生，学生也怕见到老师，造成了一种人为的隔阂，加重了学生语言学习的焦虑和紧张情绪。宋老师的这种积极的"接近"学生的方式不仅能够缩短和学生的空间距离，更重要的在于缩短了师生间的心理距离，为全体学生积极主动的参与课堂交际创造了条件。

事实上，在欧美国家，老师没有特殊的讲台或讲桌，就是教室前面有一张和学生一样的桌子，教师可以在上面放些教学用具而已。美国甚至一些大学语言教师的办公桌就设在教室里，让学生觉得和老师完全没有距离，学生可以在教师身上获得更多的信息反馈，学到更多的知识。

---

1 法思特·朱利.人体语言[M].陈钰鹏，编译.上海：上海文化出版社，1988.

三、中国化的环境

走进陈丹阳老师所就职的对外汉语学院,刚一走进学院大门,各种各样有关汉语知识和中国文化讲座的通知即刻映入眼帘,还有本学期刚刚结束的留学生汉语演讲比赛的精彩照片和优秀演讲稿的展示。从一楼走到四楼,走廊里挂着中国从古至今在世界上具有极大影响力的人物照片和生平简介,孔子、老子、鲁迅、毛泽东、雷锋等等。走廊里还摆着种类繁多的用中文命名的绿色植物,有龟背竹、发财树、元宝树、仙人掌等等。留学生们不时地驻足于这些伟人的画像前,凝神地关注着,仔细地阅读着,时而还会与旁边的同学讨论一下:"你知道他是谁吗?你知道他的思想吗?"时而也会充满疑惑地询问老师:"他在中国很有名吗?他有什么书吗?"

每班的教室里都挂着两张地图,一张中国地图和一张世界地图。陈老师把我请进了她的教室。刚步入教室就有一种"很中国"的感觉。教室布置得很丰富,教室后面有一块展示板。展示板的四边贴着中国人最喜欢的波浪形红颜色剪纸。板上展示着留学生们的作品,包括学生的书法作品和剪纸作品。这些展板都是学生们自己布置的,内容丰富,具有浓浓的中国气息。每学期都会组织学生们进行摄影作品展,包括有关中国生活的、各自国家风俗的、"我"的爱好、"我"的中国朋友等等。还有中国电影、影星和歌星等介绍的图片展,基本上半个月换一个主题。照片和图片都要附上几句汉语,并且要求用上几个刚学的生词和语法结构。

这时有几个留学生走了过来,对我说:你喜欢我们的东西吗?这很中国吧!

我笑着说:你的中文很好!

他说:哪里,哪里,不敢当!我喜欢中国,喜欢学习汉语,我很中国的。不过汉字真的难!

看来他真是一个中国文化的"内行"。

同样的教学楼、同样的教室,但却创设着不同的环境。在邓老师的学校和教室里,在教师和学生的共同努力之下,在这有限的空间里,创造出强烈的学习汉语知识和文化的氛围。温斯顿·邱吉尔曾说过:"我们给房屋建筑定型,后来它们给我们定型。"[1]

通过上文的描述,我们发现对外汉语教师在课堂交际的过程中,教师在课堂上所处的位置不同,与学生的远近不一,都会给学生不同的心理感觉,取得不

---

[1] 洛雷塔·A·马兰德罗,拉里·巴克.非言语交流[M].孟小平等,译.北京:北京语言学院出版社,1991.

同的交际效果。教师们用空间信息作为信号来表达一定的涵义，利用教师和学生、学生和学生的空间距离和中国化的环境促进教师的教和学生的学，以及师生和生生间思想感情的交流。如果教师故意或无意中打破了某种空间，往往会强烈影响对方的情绪。保加利亚心理分析教育家洛扎诺夫（Georgi Lozallov）首创了"暗示外语教学法"（Suggestive Teaching Theory），其定义是"创造高度的学习动机，建立激发个人心理潜力的倾向，从学生是一个完整的个体出发，在学习的交流过程中，力求把各种无意识因素组织起来，使学生的学习成为一种享受，从而大大提高教学效率"，即利用暗示手段，激发个人的心理潜能，提高学习效果的教学。暗示教学的实质是通过提高教学效率，减轻学生负担，最大限度地开发个人的潜力，提高记忆力、想象力和创造力。他指出了外语教学的"双面性"（double-planedness），学生的学习不仅受直接教学的影响，还受到教学环境的影响。他强调了课堂环境、教室布置和安排与教学材料具有同样的意义。只有在轻松愉快的氛围中，学生才能够放松和集中注意力，实现有效的学习，并声称不同智力的学生都可以通过暗示法获得成功。这种教学方法的目的和原则不是记忆，而是理解和创造性的解决问题。[1]

对外汉语课堂交际中的空间环境含有丰富的信息，是一种无声的语言，是外语教学的有效途径。对外汉语教师应善于利用空间信息效应，为学生创设一种更为理想的汉语学习环境。

小结

笔者通过对对外汉语教师课堂非语言交际的观察和访谈，再现了对外汉语教师课堂交际中另一种表达方式的存在，以及教师在非语言交际中存在的问题和恰当的非语言交际方式在对外汉语教学中的重要作用。对外汉语课堂非语言交际方式包括体态语、非语词声音、服饰、随身用品和空间信息。在教师体态语运用方面，有的教师惯于微笑、善于微笑，和蔼、亲切、热情，对学生充满感染力，学生也变得乐观、积极、自信，减少了汉语学习的焦虑感，然而有的教师表情严肃，被学生称为"一丝不苟"的面容，课堂气氛严肃，学生害怕参与课堂交际；体态语丰富的教师，他们的学生在汉语表达时也会运用丰富的体态语，师生间通过体态语传达着真挚的情感，从而实现对学生情感的控制，让学生的学习情感随教学内容与教学交际行为发生良性的消长转替，引导和调动学生的课堂参与

---

[1] G. Lozanov. *Suggestology and Outlines of Suggestopedy* [M]. New York: Gordon and Breach, Science Publishers, 1979.

热情；体态语单调的教师的教学效果则与此相反，课堂氛围和学生的心理氛围都缺乏生机与活力；体态语的适当运用减少了学生汉语学习的困惑，使一些晦涩难懂的语言表达更易于理解和接受；体态语的运用也可以强化学生的记忆；教师们在对外汉语教学的不同环节中也应适当地运用体态语辅助语言表达，体态语在对外汉语语音、词汇和语法教学中都具有重要所用。简而言之，体态语在对外汉语教学中具有辅助作用、替代和暗示作用、反馈作用、学习和传播中国文化的作用和促进对外汉语教师反思的作用。教师非语词声音信号的使用也会影响到教学质量，有的教师在朗读和教学过程中会随着课文的内容和教学的安排，进行抑扬顿挫的语言表达，而有的教师在音量、音长、语速等方面都没有变化，让学生很快地产生课堂困倦感；还有的老师运用咳声提醒学生注意、用掌声鼓励学生、用笑声表达自己的开朗、乐观、豁达或幽默，创造出愉悦的课堂氛围和学生汉语学习的心理气氛。教师的服饰也是传递信息的重要途径，有的教师认为服饰是教师权威的象征，有的教师认为教师的服饰应能够拉近师生间的距离；服饰也可以成为教师有效的教学工具和传播中国文化的媒介。宋老师的"宝物包"、刘老师"请大声说"的纸扇、王老师一种颜色和三种不同颜色的白板笔等随身用品对教学效果的影响，都说明了教师随身用品在教学中的重要作用。教师对学生的座位安排、教师与学生的体距和学生汉语学习的环境也会影响学生参与课堂交际的热情，有的老师课堂的座位安排是一成不变的秧田式，有的老师则会根据教学内容和目标采取不同的座位排列方式，包括秧田式、U型、圆型、模块型，既有利于教学内容的讲解，也大大增强了学生参与课堂交际的热情；有的老师总是站在讲台上，与学生保持一定的距离，固守着教师的威严，而有的教师则根据教学的要求，不断调整自己与学生的距离；中国化汉语学习环境的创设也可以增强学生汉语学习的兴趣，更好、更快地了解和融入中国的文化。

在对外汉语课堂交际中，师生通过非语言交际行为共同构建起一个非语言交际的世界。在这个世界中，师生之间同样在进行着情与意的交流，它貌似沉寂，却暗含着教师对学生更为深切的了解与关怀。在这个世界里，教师通过"润物细无声"的体态语、具有"弦外之音"作用的非语词的声音信号、会说话的衣服、"小物件大作用"的随身用品，以及"沟通无障碍"的空间信息进一步丰富、充实和完善教师的语言交际，极大地加强了学生对教师语言的理解和学生参与课堂交际的积极性，从而促进良好课堂交际的实现和教学质量的提高。所以，非语言交际方式是对外汉语教师教育教学活动不可或缺的重要手段。

第五章　对话与理解：多元文化背景下的交往

在任何一个特定的交际社团内，每一个交谈事件都不是凭空产生的，而是由参与者从广泛共有的储备中抽取了一些行为（语言单位、手势、方向、身势及空间位置等）并遵循某种人们共同遵守的组织原则而形成的。[1]

——Adam Kendo

一个民族，用什么样的人体语言表示什么样的意思是约定俗成的。违反了这个约定的规则，不是引起交际的中断，就是产生误解。[2]

——M. Mcluhan

文化是人类在长期的历史发展过程中形成的一个复杂整体，它包括知识、信仰、伦理道德以及社会规范等等。著名文化人类学家格尔茨认为，"人是悬挂在由他们自己编制的意义之网上的动物，我把文化看作这些网"，[3] 在同一社会群体中，人们之间的"意义之网"是共享的。"从心所欲而不逾矩"，这是对文化内化为个体生命中一部分的真实写照。随着整个世界的高速发展，不同国家、种族和民族之间的交往日益频繁。加拿大传播媒体学家麦克卢汉（M. Mcluhan）[4] 在其著作"Understanding Media: the Extensions of Man"中首次提到"地球村"（Global Village）这个概念，即随着交流和通讯设施给人们带来的便捷，大规模跨文化性质的贸易、文化、外交等交往形式的开展成为现实，使得地球的时空变得日益缩小，不同区域人们之间的距离有如村民之间的距离一样，往来非常便捷。但是，人们在进行跨文化交际时，因为不同文化之间具有不相兼容或不可通约而引起了争端和冲突。所以，当个体遭遇来自另一个的"他者"时，由于他们各自对符合或者行为意义定义的不同，交流与沟通就可能出现障碍。

在对外汉语课堂交际的过程中，教师和来自世界各地、具有不同文化背景的学生相遇、相知或相对，在这个过程中教师难免会与学生发生一些文化之间的撞击和冲突。教师在传递中国文化的同时，也会受到其他文化的熏染，不同文化

1　L. Malando. & L. Barker. *Nonverbal Communication*[M]. New York: Random House, 1989.
2　柯廉等. 公共关系与人体语言[M]. 北京：中国广播电视出版社，1990.
3　格尔茨. 文化的解释[M]. 纳日碧力戈等，译. 上海：上海人民出版社，1999.
4　M. McLuhan. *Understanding Media: the Extensions of Man* [M]. New York: New American Library,1964.

间的接触和撞击既给教师和学生们各自文化本身带来危机，也为中国文化和他国文化的发展提供新的契机。笔者调查的老师们正是经历了这样一个文化冲击和文化涵化的过程，在课堂交际时受到不同人际互动方式的冲击之后，他们也会重新评价自己原有的文化传统，逐步改变自己某些不符合跨文化背景的课堂交际方式。

教师在课堂交际的过程中，会不断遇到来自中国文化和来自异文化的纠正机制的夹击。比如，在课堂语言交际的过程中，一些教师会固于坚守中国式的师道尊严；有的教师会由于对某种文化的偏爱而产生对该国学生的偏爱或是偏见；也有的教师会一味地维护中国的利益，具有很强的民族中心主义倾向，让学生难以接受；有的学生还会在课堂交际过程中直接质疑令其不解的教师的交际方式。同样，在课堂非语言交际的过程中，教师也同样会遇到冲突，比如教师的手势语、与学生的身体距离、眼神等等。这些问题都会给教师和学生带来感情上和价值上的冲突。本章所揭示的正是对外汉语教师们在课堂交际中，面对异文化挑战时对冲突的化解，以及师生双方文化共通和理解的实现。

第一节 多元文化背景下的教师课堂语言交际

几年前一位来我校访问的美国教授曾在我的班上学习汉语，他曾不解地问过我这样一个问题："为什么中国人总是叫我'先生'（Mr.）？"我告诉他："中国人叫您'先生'证明您很有知识，他很尊重您。"这位教授告诉我："在美国，只有在你不清楚对方的头衔时才用'先生'（Mr.），是敬称中最一般的称呼。他们知道我是教授（professor），所以称呼我教授更表示尊重。"基于不同的文化背景，这位教授与我们对"先生（Mr.）"有不同的理解与定义。类似的分歧甚至矛盾在对外汉语课堂交际上是较为常见的。

一、师道尊严的坚守

中国社会以维护上尊下卑的秩序为根本，本质上是一个等级社会。费孝通先生认为中国社会是一个"差序格局"的社会，"等级"观念衍生于中国传统社会结构的差序格局，教师列于"天、地、君、臣、师"这一人们赖以生存发展的重要序列链中。"一日为师,终身为父"。这些都彰显了师道尊严的重要性,教师的地位在中国人的心目中是非常崇高的。然而,西方文化的价值观则是以"平等""自由""民主"为核心,他们认为人生来是平等的,我们应该以同一种态度、平等地对待每一个人,所以,在师生关系方面,西方人崇尚平等与民主。

比如称呼问题,刚来中国的西方学生,不论他们的汉语是初级还是高级水平,大都会对教师直呼其名,西方学生认为直呼其名是表明他们对人的坦诚、尊重和友好,而东方社会是等级观念很强的差序格局社会,学生必须尊敬师长,要称呼某某老师。有的对外汉语教师受到中国传统文化的影响,非常强调师道尊严。他们会立刻告诉学生:"不能说XXX,要说王老师,你们必须尊重老师。"习惯都是长期养成的,虽然留学生应该入乡随俗,但有时还是会忘记,仍是"XXX"。当老师们再次听到学生这样称呼时,就表现得非常不满,认为西方学生没有礼貌。然而,事实上,留学生来到中国以后都会经历一个文化适应期,调整自己的文化模式和行为模式,顺应中国人的习惯。虽然有的留学生记住了老师的"训话",每次都是"X老师",可实际上在西方学生心中,"X老师"的称呼有着与中国意义上的老师不同的含义,"老师"只是一个代号,并无尊重或是敬畏等的附加含义。

在对外汉语教师课堂交际过程中,经常会出现这样的情况,老师正在热情洋溢地讲解生词或课文,有的学生就会手都不举地说"XXX是什么意思?"、"我有问题"。有的对外汉语教师会立刻停下自己的讲解,仍旧热情洋溢地、耐心地询问"好,什么问题?"。可是,有的教师会暂时不理会学生的提问,把自己的内容先讲完,然后再问"你有什么问题?"。还有的教师,也会立刻停止讲授,他们会很严厉地说:"我正在讲课,你这样做是很不礼貌的。有问题等我讲完再问。"被训斥的学生往往很意外,而更多的是一种对中国教师和对中国文化的不解,以及学习汉语兴趣的降低。但事实上,在西方的教育模式中,以及现在在中国的某些课堂中,我们都可以发现教师会告诉学生"如果你们有问题可以随时提问"。

西方学生的思维较为活跃。有时西方学生的对话练习会让教师们觉得完全是异想天开;课堂讨论的时候,西方学生也不忌讳陈述自己的观点,而有的观点完全有悖于教师的想法;而且西方学生的发散性思维能力较强,在回答问题和讨论时经常会不断引申,使得最后的讨论让教师们觉得"跑得太远"。面对这些情境,有的老师认为对外汉语教学的目标是训练学生的汉语表达能力,只要他们能够积极踊跃地用汉语进行表达就应该鼓励;而另一些老师认为教师在课堂中的地位非常重要,不能任由学生掌控,而且教师也应该对学生的价值观进行适当的引导,总之"教师在课堂上的权威性非常重要","虽不能一言九鼎,但也要掷地有声"。

中国的教育传统以教师为教育的中心,教师是知识和权威的象征,学生只能被动地依从或依附于教师。但是,中国这种因循守旧的教育思想也在不断被打破,同样有一些教师鼓励学生自由创新,鼓励学生自主学习、建构知识,认为"只有能够提出问题的学生才是好学生"。雅斯贝尔斯指出"对话是探索真理与自我认识的途径"。[1]教育过程中师生是平等的参与者,不存在权威与中心,师生双方都应进行自由的思索、善意的对话和论争,既无屈从也无依附。"既然学术自由延伸到学生群体,那么,学生就有权力质疑教师在课堂上的陈述。因此得出结论的那些研究过程要比盲从结论本身重要得多"。[2]

二、偏见与偏爱[3]

偏见在跨文化交际过程中具有较大影响。偏见是指以不充分或不正确的信息为根据而形成的对某人、某群体或某事物的一种片面乃至错误的看法和态度。其特点是以偏概全,伴有过分简单化的倾向。[4]偏见的产生源于人们对某一群体的"刻板印象"(stereotype)或"成见"。

沃尔特·李普曼(Walter Lippmann)第一个提出"刻板印象"的概念,从而把定型观念引入社会科学的研究领域。李普曼认为人不可能对世界上所有的人和事都能够逐一亲身体验和认识,为了节省时间,人们寻找到一个简化的认知方法,就是将具有相同特征的一群人塑造出一定的形象(定型观念)。"一旦我们牢固地产生了这种成见,就很难摆脱它。……先入之见形成之后,旧的形象就会淹没新的视野……大部分人对世界的认识是通过他们的感情、习惯和偏见这个三棱镜的折射而得到的"。[5]如老人、穷人或某某民族,凡是属于这个群体的成员,

---

1 雅斯贝尔斯.什么是教育[M].邹进,译.北京:生活·读书·新知三联书店,1991.
2 Collier. *Collier's Encyclopedia*[M]. New York: Macmillan Educational Corp.; London; New York: Collier,1980.[IVol.1].
3 部分内容参考王添淼.文化定势与文化传播——国际汉语教师的认知困境[J].中国文化研究.2011(3):177-179.
4 刘东风.来华留学生跨文化人际交往研究——十八位在华留学生的个案分析[D].北京大学博士学位论文,2005.
5 沃尔特·李普曼.舆论学[M].林珊,译.北京:华夏出版社,1989.

就被纳入到预先规定好的"原型"之中。[1]这种对团体中的成员所形成的标准化的心理印象，采取整齐划一的定式态度，忽视个体的差异，显示了一种过分简单化的观念、情感态度或不批判的判断。[2]比如人们经常认为法国人是浪漫的、德国人是严谨的、英国人是保守的、非洲人是懒惰的、中国人是热情好客的、日本人是拘谨的等等。

对外汉语教师面对来自世界不同国家的学生，凭着自己对异国文化的了解和对外汉语的教学经验又会有哪些文化偏见呢？

日本学生就应该是一丝不苟、勤奋努力的；

日本学生和韩国学生的汉字就应该比欧美学生写得好；

美国学生是活跃的、表现欲强的，课堂上就应该积极发言；

华裔学生的汉语成绩就应该比其他留学生高，而事实上很多华裔是土生土长的外国人，从未接触过汉语，而且在价值取向上也是"Don't make me a Chinese!"；

有些国家的学生就是喜欢考试作弊，所以每当考试的时候，老师的目光往往只集中于这几个学生，而且会在他们的身边来回走动；

……

有偏见就会有偏爱：

有的老师对日本学生大加赞赏："日本人学习就是用功！"；

有的老师把日本和韩国学生写的汉字张贴在教室的墙报栏，让其他的留学生以他们为榜样，而且会因为他们汉字写得好，作文的分数也会相应提高；

有的老师让学生回答问题或对话练习时，往往青睐于美国学生，因为他们举手很踊跃，举手的速度也很快，而且老师们觉得这样有利于活跃课堂气氛；

有的老师认为某些国家的学生永远都是诚实的，他们考试从不作弊，所以，当这些国家的学生因为有病没来上课的时候，即使没有医生的病假条，老师也会百分之一百地相信他们，不会在出勤一栏中扣分；

……

有的留学生对我说："老师对我有偏见，我不知道为什么？""老师的表扬不公平，是过分的表扬，其他的学生很不舒服！"

---

1 关世杰. 跨文化交流学[M]. 北京：北京大学出版社，1995.
2 王同亿主编. 英汉辞海[M]. 北京：国防工业出版社，1988.

萨姆瓦以美国文化模式为例，指出"任何旨在简单勾勒全国性的或典型性的美国文化模式的企图，都是极其危险的；不仅因为做出这种判定在材料取舍方面存在着严重的分歧，也因为美国社会组成的复杂多样性。"[1] 此说法也适用于其他民族和国家，更适用于跨文化背景下对外汉语教师的课堂交际，对于某种文化背景下生活的留学生做出笼统的判断也同样是危险的。一旦某个国家的学生被定型观念框住，就不再具有个性，只有类性，只是教师脑海中对某事物或某类人的标准化的印象。

三、民族中心主义的倾向

民族中心主义的倾向也是对外汉语教师跨文化交际过程中一个不容忽视的影响因素。民族中心主义倾向是指把本民族作为世界的中心，认为自己民族的价值观、社会规范是世界最优秀的，并把本民族的文化视为对待其他文化的参照系，用本民族的文化标准来衡量其他民族的文化。一些留学生告诉我，他们不喜欢"在课堂上出现敏感的政治、文化问题的时候，总是为中国辩护的老师"。

对外汉语教师在课堂交际的过程中经常会遇到一些敏感的话题，小到狗肉火锅、烤乳鸽，大到台湾和西藏问题。课堂上，有的留学生会毫不避讳地把中国和台湾对等起来，并公然支持"台独"和"藏独"。面对此种状况时，有的教师会立刻纠正学生的说法，告诉学生"台湾和西藏就是中国的一部分，是不可分割的，你的说法是完全错误的"，接下来会拿出很多证据，力图让学生必须转变自己的想法。还有的老师甚至会说："这是我们的事，你们不懂，你们也别管！"教师们这样的反应，不仅会让持有这种想法的学生参与课堂交际的积极性大大减弱，而且会让并不太关注此种问题的学生也对教师产生反感，从而导致以后的课堂交际难以进行。事实上，对外汉语教师首先应在课堂上尽量避免谈论这类敏感话题，一旦课堂涉及此类话题，教师有必要表明自己的立场，如果学生仍要讨论，教师可指出此类话题与本课内容关系不大，一定要讨论，可以在课下讨论。

对外汉语课堂交际中也经常会遇到诸如中国的污染问题、贫富差距问题、计划生育问题、教育问题、医疗保险问题等等，有的教师会一味地站在中国的立场，告知学生这些做法都是正确的，这些现象都是正常的。但事实上很多事情都是有两面性的，教师的这种过分的民族中心主义的倾向只会让师生关系逐渐疏远，师生交流越来越少，师生感情日益淡漠。

---

1 拉里·A·萨姆瓦等. 跨文化传通 [M]. 陈南等，译. 北京：生活·读书·新知三联书店，1988.

卢肯斯[1]（Lukens）指出交际距离包括漠不关心距离（distance of indifference）、回避距离（distance of avoidance）和蔑视距离（distance of disparagements）。民族中心主义会导致跨文化交际的距离不断拉大。对外汉语教师在课堂交际的过程中应该采取民族相对主义态度，承认不同民族的文化享有同等的地位，无优劣之分；其次，教师要警惕无意识的民族中心主义观念，克服用自己的文化准则、社会规范来解释和评判别人的交际行为的倾向。

四、"没话找话"的中国人

"见了老师一鞠躬，说声老师早；见了同学拉拉手，互相问个好。"我们上幼儿园时，老师就已这样教导我们，要懂礼貌，见到老师和长辈要鞠躬，要会嘘寒问暖。有些亚洲国家也有着同样的文化背景。可是有些中国式的问候，却让西方学生"受不了"。比如，中国人见面经常会问"吃饭了吗？"，西方人觉得你可能要请他吃饭。有时饭点见面，我们会问"吃午饭啊？"，西方人觉得这是明知故问。还有"去哪儿啊？"，西方人觉得中国人不尊重别人，侵犯了他/她的隐私。以前，这样的问候也会在对外汉语教材的课文中出现，学生们会很奇怪，经常问老师为什么问这些问题，老师则要用很长的时间解释，还要让学生模仿这些他们完全难以理解的句子进行对话练习。随着国际交流机会的不断增多，对外汉语教材的编写者和对外汉语教师们对不同国家文化了解的深入，现在的汉语教材很少会出现这些令人困惑的用法。在教材处理时，编写者会把这些令人困惑的问题编入教材中专设的"文化点"，进行具体讲解。

但是，由于留学生在日常生活中和中国人打交道的时候，会遇到这样的问候，所以难免把问题带到课堂。

王丽云老师认为：我们没必要回避这样的问题。每个国家有不同的文化传统。以前中国人见面喜欢问"吃饭了吗？"，但是，现在这种问候已经不常见了。所以我们可以告诉学生，那时是因为中国太穷，很多人吃不上饭，所以能吃上饭是生活中最重要的，因此为了表示对别人的关心和友好，这个问候是最好的。同样，"你去哪儿？"这样的问候，现在也不太常见，因为中国人也越来越注重别人的隐私了。但如果关系非常好的两个人，为了表示关心，还是可以用的。

---

[1] 贾玉新.跨文化交际学 [M].上海：上海外语教育出版社，1997.

"实然"的声音
——对外汉语教师课堂交际研究

有的留学生觉得"中国人经常没话找话"。比如买自行车的时候，有个中国朋友走过来问我"买自行车呢？"；在咖啡馆里喝咖啡的时候，中国朋友看到我会问"喝咖啡呢？"；还有的留学生说，他们的房东很喜欢刨根问底，问他们"几岁了"、"有没有男朋友"、"父母是做什么的"、"家里有几个孩子"等等。这些都是让留学生感到很苦恼的问题。

王丽云老师告诉学生：你们的中国朋友并不是没话找话，你们的房东也没有恶意。这些都是中国人问候别人，表示对别人关心的一种方式。比如房东提出的那些问题，的确有点太涉及隐私，但是房东只是想让你们知道，她非常关心你。

事实上，不仅是这些中国人，包括汉语教师，在从事汉语教学时也会很关心地询问学生"你多大了？""你有女朋友吗？""你父母是干什么的？"这些中国人觉得很贴心的问题。老师们只是希望能够全面了解学生，比如有时学生经常逃课，可能跟年龄有关；也可能交了朋友，心有点散；或者父母出了什么问题，影响了心情。中国老师认为对学生有了深入的了解，就可以因材施教。但事实证明，留学生对此比较反感。如果教师想表示对学生的关心，可以询问类似"你有什么爱好""你们国家的天气怎么样""假期时人们喜欢做些什么"等问题。这些问题既不会让学生产生抵触情绪，也传递了教师对学生的关切之情。同时，教师对对象国的文化也应该有所了解，比如日韩女孩就忌讳别人问年龄的问题，所以，教师在设计相关练习时，可以尽量巧妙地避开这些问题。如要练习"年龄"这样的词汇，教师可以换一种方式，比如介绍一下你的家庭成员的年龄。

课堂交际中，当有的老师问到类似的问题时，留学生们会出现难看的脸色或表情，有的学生还会直接问老师"你为什么问我这样的问题？"。这些交际情境都为对外汉语教师敲响了警钟：作为一名对外汉语教师，面对多元文化背景下的课堂语言交际情境，教师切不可以中国的文化代替所有国家的文化。

五、批评与被批评

研究跨文化交际的学者认为，美国人是非常直率的，初次相见，就可能问及许多事情，[1]而不列颠民族（尤其是英格兰人）显得很矜持，话语不多。[2]在跨文

---

1 N. Woronov. & Chi Yun Fang. *Modern American English: Living and Learning in The West*[M]. Shanghai Foreign Language Education Press, 1986.
2 吴延迪. 英国风情录 [M]. 北京：知识出版社，1994.

化交际中，令英美人感到头疼的是，该发表个人意见时，中国人往往模棱两可，不置可否。[1]

情境　李卫东老师的中级口语课

中级口语班的学生在进行有关"家用电器是否越多越好"的辩论赛。主持人是一个法国女孩。李老师在上一次课，已经讲过辩论的题目和中国辩论赛的规则。辩论过程和结果较为理想，几乎每个学生都能够积极参与到辩论中来。只是在自由辩论阶段，正方的六个人，几乎只有一个美国男孩在发言。而反方则较为均衡。李老师害怕打击学生发言的积极性，在自由辩论时没有说什么。辩论赛的最后一个步骤是主持人总结，并宣布结果。

最后，李老师对辩论赛进行了总结。他首先对学生们的积极发言予以表扬，只是自由辩论时不太理想。但是，李老师并没有批评那个美国男孩，而是肯定了他踊跃发言的精神，并希望大家向他学习，下一次也能够多多说话。李老师的话音刚落，主持的法国女孩立刻较为严肃地看了看我，又看了看正方发言最踊跃的那个美国男孩说："这边只有你说，别的人很少说。可是这边（她看着反方）每个人说。你说得太多了，我觉得下次你过来，当主持人吧。"那个美国男孩没说什么，不过脸一直泛红。课后，这个法国女孩和另一个学生找到了李老师，对他说："老师，你应该批评XXX！他说得太多，别人不能说。"

在宋雪娇老师的课堂里还发生了这样的事情：

班里有个俄国男孩只有16岁，而其他的学生都已经上了大学，最小的大学二年级。这个小男孩上课时很爱和旁边的同学说话，一开始还有同学和他一起聊。可是后来就只有他自己说，旁边的同学似听非听。宋老师课后找小男孩谈了一下，可只好了一天，就又复发了。班里的一个美国女孩也找到了宋老师，希望他能解决这个小男孩总是上课说话打扰别人的问题。宋老师告诉她："好的，我考虑考虑。"此后，每当这个小男孩说话时，宋老师就立刻提问这个男孩，或是一边微笑着看着这个小男孩，一边把手指放在嘴前"嘘——"。然而，安静的时间总是很短，最多十五分钟，小男孩就又开始聊了。有一天，当宋老师正在讲课的时候，小男孩一边对旁边的同学讲着什

---

[1] 庄恩平.走出误区——中美交际文化差异实例分析[M].北京：世界图书出版公司，1993.

么,一边还笑出了声音。这时那个美国女生,很快地收拾好东西,背起书包就走到了教室门口,打开了门。宋老师很惊诧,问她:"你去哪里?"这个女孩很严肃,也有点生气地对老师说:"你是老师,你不说,教室太吵,我没办法上课。"说完这句话就离开了教室。过了一个星期,评估结果出来了。宋老师非常沮丧地找到了我,让我看了学生们给她的建议:"我们的老师不合适当老师!""她不公平,有的学生说,她没批评他。""她没有责任感。""课堂很糟糕!""中国人没有原则,很不严格。"[1]

由于对外汉语教师面对着来自不同国家的学生,教师在评论学生时,会考虑到很多因素,往往小心翼翼,总是希望能够鼓励他们,不要伤害和打击学生学习汉语的热情和积极性。但是,在不伤害学生的前提下,哪些应该批评、哪些应该鼓励是必须清楚的。一名教师在面对课堂问题时,应该赏罚分明,无需秉持中国文化那种含糊其词,或者躲躲闪闪的态度。

一个留学生告诉我:

上学期的一个老师,在学期开始时,每课都听写生词。当然每个留学生都觉得汉字很难,所以有的学生有不太高兴的表情。但是,老师还是要听写。一个月过去了,有的学生常常不准备听写,所以他的听写成绩很低。于是,他/她们对老师说:"这是口语课,为什么还要考汉字?"结果老师听写停止了。我觉得这样很不好,那些成绩不好的学生的汉字会越来越差;成绩好的学生,由于没有了听写,汉字水平也会降低。学习汉语,汉字非常重要,很难,我们都知道,这是我们的挑战,我们不想做只会说汉语的"文盲"。

对外汉语教师不仅要严格要求自己,也应该在理解和包容学生的同时,严格要求学生。对外汉语教师要平易近人,性格开朗,不能过于严肃和严厉,努力创造一种和谐民主的课堂气氛。但是,这些并不等于不严格。留学生们对"严师出高徒"的中国俗语也是非常认可的,否则教师也将成为"被批评"的对象。

六、"好为人师"的中国教师

"学高为师,身正为范",许多教师都以此作为自我要求的一个基本规范。在传统中国人的眼里,教师不仅是知识的化身,还是道德的楷模。因此,在课堂中传播道德理念或者表达亲切与关怀成为教师自觉或不自觉的要求。但在面对留学生群体时,教师的这种努力却可能遭遇尴尬。

---

1 以上两则案例参考王添淼.跨文化交往中的意义拒斥——国际汉语教师课堂评价语探析[A].国际汉语教育[C].北京:外语教学与研究出版社,2013.

邓萍老师在平时的课堂交际过程中比较重视师生间的跨文化交际问题。比如一个美国学生病了，她不会按中国人的习惯对他说"你要多喝水啊！"或者"天气越来越冷了，多穿点衣服。"，而是关心地说"希望你的身体早点好！"。因为欧美人不太喜欢那种父母保护子女的味道，自尊心会受到伤害。但是，今天邓老师还是遇到了一个始料不及的问题。

情境　邓萍老师的中级阅读课

邓老师：好，大家看到第二段"与人为善"这个词了吗？谁能说说是什么意思？

（好几个学生立刻抬起头看着老师，邓老师明白这几个学生一定都知道意思，而且都想回答，邓老师选择了第一个抬头的学生。）

邓老师：XX，你给同学们讲讲吧。

XX：意思是你和别人很友好，喜欢帮助别人。

邓老师：很好。你对别人很友好，你很善良喜欢帮助别人。我想问问你们，你是与人为善的人吗？

（班里的一个日本学生和一个韩国学生立刻点了点头，但是欧美和一个南非的学生没有反应。邓老师觉得很奇怪，又问了一遍。还是没有回答。）

邓老师说：怎么？你不是与人为善的人吗？你对别人不友好，不喜欢帮助别人吗？我们应该做与人为善的人。

（整个教室又安静了一阵。邓老师的表情很困惑。终于有一个荷兰女孩开了口。）

荷兰女孩很严肃地说：为什么要做与人为善的人？！

邓老师很惊讶：什么？

一个西班牙女孩：对啊，为什么呢？有的人很不好，我们不能总是善良。

荷兰女孩继续说：是的。而且与人为善是我自己的事情，我还没有想好。

邓老师笑着说：是的，当然了，如果是小偷我们不可以对他善良，也不能对他友好，应该告诉警察。不过还是应该喜欢帮助别人的。

一个英国男孩说话了：为什么喜欢帮助别人？是他自己的事情。如果别人需要的话，我们帮助他。

很多对外汉语教师都和邓老师一样"好为人师"。比如有的老师为了鼓励学生努力学习，就会经常总结学生的考试成绩。例如老师会告诉全班同学，有百分之多少的同学考试分数很高,可是有两、三个学生考得很不好,你们应该好好学习,到中国来学习要花很多钱,都是父母给你们的,你们的父母很不容易。如果你学得不好,父母会很伤心。一定要抓紧时间,努力学习!其实,这些教师已经考虑到学生的隐私问题,没有说谁得了高分,谁得了低分,也没有让学生知道彼此的考试成绩。可是老师们的这些"语重心长"仍旧"事与愿违"。一次,在刘涛老师的课上,正当他对考试成绩进行再次评论时,有一个学生忍无可忍地当着全班同学的面质问他:"老师您觉得考试成绩好就是好学生,优秀的学生吗?!"还有一些对外汉语教师在对外汉语课堂语言交际时很喜欢说"应该",比如"你应该怎么样""你不应该怎么样",这些很容易引起学生的反感。中国教师太喜欢说教,而且自己往往觉察不到,只是觉得是为学生好,我很爱你,很关心你们,所以才苦口婆心。可事实上,一些欧美学生告诉我:"我们觉得有教训人的感觉,甚至有强迫的性质。"

七、中介语的理解力和猜想力

在对外汉语课堂语言交际过程中,笔者常常听到有些老师对学生说:"你说什么?""再说一遍!""我听不懂。""不明白。"实际上,在学生二语习得的过程中,会在二语与母语之间产生另一种语言——"中介语"(interlanguage),也被译为"过渡语"或"语际语",是指在第二语言习得过程中,学习者通过一定的学习策略,在目的语输入的基础上所形成的一种既不同于其第一语言也不同于目的语,并且随着学习的进展向目的语逐渐过渡的动态的语言系统。比如,在邓萍老师中高级学生的阅读写作课上,学生们正在根据课文讨论中国的国庆节:

学生:每个人有一点爱国的感觉。这个课有法国人,韩国人,越南人。什么都有,而且我们都有自己的想法对自己的祖国。上个星期我们有机会看到中国人的爱国主义。十月一号是中国的独立节。六十年以前,毛泽东,在天安门上宣布"中国人站起来了"。1911-1949年之间中国经过帝国主义,抗日战和内战。在历史上中国人吃了不少苦,但是他们终于赢了。到处有外国人尊敬中国。中国三十年以内的发展是上世纪最重要的故事。所以,虽然我们是外国人,我们也会感到自豪。

在这个学生的语言中我们能够发现,由于受到母语的影响,此学生的语言系统在语音、词语、语法和文化等方面都有和汉语不同的表达,但这种表达不是固定不变的,而是随着学习者学习程度的加深逐渐向目的语——汉语的正确形式靠拢。这个变化过程是一个渐进的、演化的过程,是动态的语言系统,即学习者在汉语习得过程中,会不断地调整自己的语言行为,使这种语言行为适合目的语的表达习惯,由错误逐渐向正确方向转化。

中介语时刻伴随着汉语学习者,从初级水平到高级水平。因此,对外汉语教师也要时刻面对学生的中介语,加强理解并进行适当纠正。许多老师认为:作为一名对外汉语教师,不仅要能够理解学生的中介语,还要会"猜"。听了邓老师的话,我不禁想起了在宋志文老师班上听课时的情境:

(宋老师在讲解和2008年北京奥运会相关的事情。他向学生们介绍了北京奥运会5个福娃的名字和含义。)

宋老师:这5个福娃的意思是"北京欢迎你"。所以,他们的名字是贝贝、晶晶、欢欢、迎迎、妮妮。(刘老师一边说,一边把福娃的名字写在黑板上。)

学生1:老师,打扰一下,"福娃"怎么说?

宋老师:怎么说?

学生1:对,怎么说?

宋老师:你是说怎么写?

学生1:对,怎么写?

第二节 多元文化背景下的教师课堂非语言交际

克利福德·格尔兹曾用不同文化中的群体对"眨眼"这一动作的四种不同解读形象地说明了同一个交际行为在不同文化背景下的含义。他援引了吉伯特·赖尔(Gilbert Ryle)对行为主义的批评。赖尔指出,对于行为的客观描述并不意味着对于行为的深入理解,因为人们赋予同一行为的意义可能是不同的。例如,用照相机照下来的所有人的眨眼动作可能都是相似的,即都是上下眼睑的张合,但是,有的眨眼可能是无意的,是眼皮的抽动;有的则是有意的,向密友投去的暗号,眨眼示意;有的人眨眼可能是为了嘲笑别人眨眼、使眼色不够老道;而有的人眨眼则可能仅仅是为练习使眼色,如小丑在舞台上表演眨眼示意等等。格尔兹说，这四种眨眼就构成了不同的文化层面，包含了不同的文化意义。[1] 在对外汉语课堂教学中，教师和来自不同国家的留学生赋予符合行为的意义也不尽相同，由此而导致的文化矛盾与冲突也不可避免。

一、师生非语言交际的冲突

情境　张韵老师的正音课

（张韵老师微笑着叫一个日本学生到前面朗读一段课文。）

她一边说"XX，到前面来"，一边用手招呼他。

这个日本学生听到了张老师叫他的名字，立刻站了起来。可他却没有朝黑板走去，而是站在那里一动不动。

张老师很诧异地问道："XX，你身体不舒服吗？"

他先是没有作声，过了几秒以后，声音沉沉地说："对不起。"

张老师只好微笑着说："没关系，你先坐下吧。XXX，你到前面来读吧。"

课间，张老师立刻找到了这个日本学生，微笑着、充满关切地问道："你怎么了？"

他低着头，停了一下，小声地说："老师，我不喜欢您的手势。"

"我的手势？怎么了？"张老师满脸疑惑。

"您刚才手心朝上，手指反复弯曲着叫我过来。"他回答。

"嗯，大概是吧。说实话，我真记不太清楚了。"

"您知道这个手势的意思吗？"这时他才抬起了头。

"知道啊，就是叫你到前面来啊。"张老师更诧异了。

"在日本，手心朝上，手指反复弯曲，是让狗过来的意思。"他又低下了头。

"是吗？太抱歉啦！我真的不知道，实在对不起你啦。"张老师不仅脸"唰"地红了，连耳朵都红了。

接下来的第二节课，张老师把自己的动作又重新做了一遍，并向同学们解释了这个动作在中国和日本的不同含义，并诚恳地向全班同学说："真是对不起！"

全班的同学笑了，异口同声地说："没关系！"

1　格尔兹.文化的解释[M].韩莉，译.南京：译林出版社，1999.

那个日本男同学一边微笑着,一边不好意思地说:"老师去日本吧,我给你讲更多有趣的中国和日本手势的故事。"

这件事情发生以后,张老师立刻去图书馆借了一本名为《不同国家非语言交际对比》的书。通过阅读,张老师发现这个中国人看似平常的手势,在英国也有不同的含义,意思是"再见"。书上说日本人对这一动作特别反感,甚至因此会对教师产生对抗情绪。正如张老师班里的这名日本学生。他的学习成绩非常好,平时对老师很有礼貌。每次见到张老师或者我这个旁听者,他都会远远地就停住,等我快到他旁边时,他会一边鞠躬一边说"老师好"。

张老师对我说:我真的很感谢这位日本学生,首先他非常有礼貌,在我做出这个手势时,他只是默默地站在那里,还对老师说了声"对不起";而且,这件事对我也是个推动,让我学到了更多有关不同国家非语言交际的知识,这可能就是所谓的"在教中学"吧。

《学会生存》一书上说,"教育,特别是学校教育在一定意义上既是既定传统的产物,又是维护传统的手段,它习惯于将已有的价值规范、思想观念重复地传递给下一代"。教育在复制传统的同时,也就形成了自身的传统,即教育传统。

一些对外汉语教师由于受中国传统文化的影响,都出现过前面曾提到过的邓萍老师那样的情况,根深蒂固地认为教师上课的服饰应该是很正式的,既表现了教师对学生的尊重,也可以衬托教师的权威。可是,当我们出国教学时才意识到为什么欧美学生会误认为"老师你要去开会吗?"。美国教师往往喜欢穿色彩鲜艳的棉质服装,无论男女教师都喜欢穿牛仔裤;男教师上课也经常穿西装,但不打领带,而且都是敞开着衣襟。记得笔者在荷兰莱顿大学汉学系教授汉语课时,汉学系的系主任经常穿着休闲衬衫上课,衬衫颜色绚丽,紫红的、绿的、粉的、黑的、白的,而且三、四个扣子都是不系的,还经常搭配各种颜色的围巾,裤子都是牛仔裤,还扎着耳钉。此系主任是欧洲著名的汉学家,学识渊博。欧美国家男女师生夏季都是赤脚穿凉鞋,而中国教师习惯穿短袜或长筒袜,否则会被认为不文明。但是,欧美国家的人不理解我们的习惯,他们认为中国人的脚怕冷、怕晒。其次,欧美国家,还有亚洲很多国家的教师无论男女都有戴戒指的风俗,女教师都有佩戴耳环、项链的习惯。尤其是已婚人士,一定要戴戒指,否则会被认为对婚姻不够忠诚。但是,在中国我们没有这样的习惯。所以,很多中国教师,不论是在国内,还是在国外从事汉语教学,都会遇到这样的尴尬:"老师你结婚了吗?""你怎么没戴戒指呢?你和你的爱人关系不好了吗?"

无论是手势还是服饰都存在着跨文化交际的问题。作为一名对外汉语教师,除了需要专业知识、教育学和心理学知识以外,跨文化交际的知识也是非常重要的。但是,我们也没有必要完全迎合别国的文化。事实上,学生们在学习汉语的同时,也迫切地希望能够了解和融入中国的文化,成为"中国通"。对外汉语教师在面对文化冲突的时候,应该和学生讲清楚缘由,这样既满足了学生了解中国文化的意愿,也能够实现良性的沟通,从而消解不必要的冲突。

二、师生非语言交际的共通

(一) 共同的微笑

微笑是课堂上教师运用最多的一种表情语。达尔文说过:"人们在旅途中遇上老友时,就会露出微笑,就像闻到芳香而感到轻快时那样。"[1] 微笑是世界的通用语,是教师与世界各国的留学生共同的语言,是永远受欢迎的体态语。

李佳慧老师面带微笑地在教室里走了一圈……上课了,她扫视了一下全班同学,发现有一个学生不知在找着什么,另一个学生仍继续往嘴里不停地放着饼干。她沉默了十几秒,微笑着看了看两个学生。几秒后,两个学生也微笑着抬起了头。

邓萍老师让学生站起来到前边朗读课文,可这个学生站起来后,一动不动。……邓老师只好微笑着说:"没关系,你先坐下吧。"课间,他立刻找到了这个学生,微笑着、充满关切地问道:"你怎么了?"

王丽云老师说:学生听课时总是很关注教师的面部表情,教师的微笑可以征服学生的心灵,使学生自觉地、快速地融入教师的授课中。教师的笑感染着学生的笑,整个教室充溢着和谐、亲切、热情与温暖。

陈平老师说:对大多数人来讲,语言学习较为枯燥。对于欧美学生而言,汉语学习尤其困难。在欧美国家,如果你的专业是中文,别人的第一感觉是"你很聪明"。因而,汉语学习容易让学生产生焦虑、紧张的情绪,而教师的微笑可以缓解学生学习汉语的压力。

教师的一颦一笑左右着学生上课的一举一动。上课铃响了,教师微笑着开

---

[1] 达尔文. 人与动物的表情 [M]. 余人等,译. 成都:四川人民出版社,1999.

始,学生的注意力马上被吸引,如沐春风,值得期待的一堂课在师生共同用笑容构建的和谐氛围中拉开了序幕;课堂提问时,学生答对了,教师用点头微笑给予学生赞许和鼓励,学生用微笑表示成功的喜悦;学生答错了,老师也以微笑鼓励,激励学生再接再厉;课堂上出现偶发趣事,或者学生指出了老师的错误,教师仍然幽默地一笑,使学生体会到教师的幽默与包容。微笑不仅有利于建立教师与学生的心灵默契,使学生进入丰富的情感世界,创造和谐的课堂气氛,而且可以弥补难以用语言来表达的微妙的思想和感情,让学生在教师的微笑中体会教师对学生的关爱,教师也在学生的微笑中体悟着他们的感受。

古人说:"亲其师,信其道。"微笑是教师的"职业表情",教师的微笑要让学生感到亲切,学习汉语信心倍增,绽放出和老师一样的乐观、积极向上的微笑。

(二) 交互的目光

"眼为一身之日月,是五内之精华,是内心世界——修养、道德、情操——的自然流露,是外部世界与个人内心世界的交汇点。"[1] 目光可以反映一个人的心态。美国拉维尔大学的拉尔夫·V·埃克斯赖博士(Dr. Ralph V. Exline)在研究中发现:[2]

一个人讲话时,看着别人一般意味着他们在讲述自己的看法,不愿被打断;

停顿的时候睁大眼睛望着对方,便是让人插话的信号。要是他停顿下来而不看对方,就意味着话还没有说完。他发出的信号是:"这是我要说的,你怎么看?"

当你的目光从对你说话的人身上移开时,这信号意思是:"我对你所言不满意,我还要考虑一下";

当你在说话时把目光转向别处,意思可能是:"我说这话没有把握";

如果在听别人说话时,你望着他,意思是:"我同意"或"我对你所说的感兴趣";

要是你说话时望着听的人,你的意思可能是:"我对我所说的十分有把握";

目光从对方身上移开时,表示有掩饰的成分在内。

眼睛能传递最丰富的个人信息,不同的情境表现出不同的功能。

在课堂教学中,目光是表达师生真实情感最有力的手段,是师生体态语言

---

1 丁煌. 交际信息学 [M]. 武汉:华中理工大学出版社,1997.
2 法斯特. 体态与交际 [M]. 孟小平,译. 北京:北京语言学院出版社,1988.

中最重要的部分。[1] 教师的目光语主要有环视和注视两种。环视是把目光有规律地作用于学生。比如教师在上课前往往会先环视一下教室，看看学生们是否已准备好上课；课程开始后，教师在讲解的过程中，也经常会环视教室，关注到每一个学生听讲的状态……

王丽云老师说：上课铃响后，教师的环视是提醒学生该安静了。这往往比大声叫着"安静，我们开始上课啦！"有效得多。讲课过程中我也会环视，提醒学生认真听讲，老师在关注你们每一个人。提问时，我更会环视，告诉学生我希望你们每一个人都能够回答。环视的过程中，我也可以凭借学生的目光发现哪些学生有回答问题的欲望，同时提醒不动脑筋的学生要积极思考。

注视是用眼睛长时间盯着学生看。注视分为严肃注视、授课注视和亲密注视。对外汉语课堂交际中，教师可以通过学生的目光，感受到哪位学生已经做好回答问题的准备。当学生回答问题感到紧张时，教师会向他/她传递一种亲切的、鼓励的目光。当学生成功地答完问题时，老师那种发自内心的赞许的目光，往往胜过几个"很好"的褒奖。当学生考试时，有东张西望或者抄袭的情况时，老师也会用很严肃的目光注视着他/她。同样，学生的眼睛也会说话。学生的每一种眼神都在诉说着他们的所思所想。而且，这种无意识的眼神的流露，往往比学生的语言更能说明问题。课堂上，师生间的交互目光是一种信息的传递与交流。学生对讲课感兴趣时，眼神是闪光的；听不懂时，眼神是困惑的；不感兴趣时，眼神是漫不经心的；疲劳时，眼神是呆滞的；这时，教师会针对学生的状态，首先用关爱、积极的目光去感染他/她，而不是严厉地斥责他/她："注意啦，你在干什么？！"

教师的目光所表现出来的复杂内容直接影响着学生汉语学习的态度和情绪。研究眨眼动作的专家发现，眨眼与学习成绩好坏是相关的。布里德和克拉瑞塔（Breed and Colarita）通过研究观察到，上课眨眼少、不怎么环顾四周的学生，考试成绩就要好得多。教师上课多看学生，学生学到的东西多，学生的考试成绩也好些。[2] 交互目光是人与人之间的心理互递行为。加拿大心理学家柏恩博士将人的自我状态分为 P、A、C 三种情况。P(Parent) 是父母态，指父母对子女的一种心理状态；

---

1 王枬等.教师印迹：课堂生活的叙事研究[M].北京：教育科学出版社，2008.
2 洛雷塔·A·马兰德罗，拉里·巴克.非言语交流[M].孟小平等，译.北京：北京语言学院出版社，1991.

A（Adult）是成人态，指客观理智地判断、冷静地思考、健康成熟的成人心理状态；C（Children）是儿童态，指以自我为中心、好冲动的、天真的儿童心理状态。在教学中，教师给予学生的目光常为P型，学生对教师的目光常为C型。

眼睛是心灵的窗口。爱默生说："人的眼睛和舌头说的话一样多，不要字典却能从眼睛中了解一切。"课堂教学中，师生之间运用不同的目光，传递出隐藏在内心深处丰富而微妙的思想感情的变化。

三、师生非语言交际的理解

跨文化背景下的教师与学生之间的非语言交际更需要一种理解。师生在理解的交际模式中享受情感交流的乐趣，培养参与者们对不断出现的不同想法和观念正确评判的能力，使得教师和学生一起通晓外面的世界。

宋志文老师这学期班上的学生构成包括亚洲的日本、韩国和印度，欧美的美国、法国、英国、德国，澳大利亚的，还有一个苏丹的，堪称为一个小小的"联合国"。这个"联合国"里也上演了很多有趣的事情。

第一，躲闪的目光。

美国、法国、英国、德国、韩国学生在听课或回答问题时，往往用眼睛直视着宋老师的眼睛。可是班上的日本学生则不同，日本学生的目光一般只注视教师的颈部或嘴，好像有意躲闪着老师的目光。后来，我和几个同学聊了聊。

我问这个日本同学："你怕宋老师吗？你是不是觉得宋老师上课很严肃，不够亲切？"

日本男生："没有，为什么你这么说？"

"我觉得你回答问题时，很怕看到老师的眼睛。"我说道。

他笑着说："哦……因为日本人觉得在和老师或者长辈谈话的时候，看着对方的眼睛是不礼貌的。"

那些美国、法国、英国和德国学生告诉我：回答问题或和老师聊天时，看着老师的眼睛，表示对老师的尊重，如果眼睛看着别的地方，是没有礼貌的。

第二，谈话的距离。

大部分中国人在谈话时，特别是说悄悄话的时候会缩小双方的距离，而且会根据距离的远近判断双方的亲密程度。有一次班上的澳大利亚同学请病假没有来上课。过了两天她病好了来上课，宋老师关切地走到她旁边，询问她的病情，她立刻出现了一些不自然的表情和动作,向后挪动身体。当时,宋老师很奇怪,"我身上有什么异常的味道吗?"后来,宋老师在和一个曾在澳大利亚生活过一年的同事聊起了这件事,才知道原来不同国家的人们对空间距离的感受是不同的。澳大利亚人不喜欢双方近距离的交谈。

中国人和美国人对空间距离要求比较大,46 cm;日本人则小一些,30 cm左右;非洲国家更小;而澳大利亚人则喜欢宽敞的空间和拉开距离的交谈。

第三,吐口水。

宋老师的"联合国"里有一个苏丹学生,他的脾气有点暴躁,比如哪个汉字不会写,或者某个词语或语法没有掌握,他就会很生自己的气,开始皱眉或摩拳擦掌之类的。但是人很好,很善良,为人很热情,同学的关系很融洽。事情发生在作文考试刚刚结束时:

> 这次考试,苏丹男孩的成绩比较低,一张400字的稿纸,大概有五分之四都是宋老师帮他改正的错误。当宋老师微笑着把作文交给他时,他气愤地把这张纸团成一个团,扔进了垃圾箱。宋老师立刻让他把作文捡了出来,仍旧面带微笑地对他说:"错了没关系。老师已经帮你改正过来,你要仔细看一下,如果哪里不明白,还可以问我。争取下次不要犯同样的错误。可是你把作文扔了,第一是对我的不尊重,第二你自己也不能提高啊。"

> 听了宋老师这番语重心长的话,他低着头,不好意思地说:"老师,对不起。我不是生气您,我是生气自己,最近太懒惰,没有好好学习。"

> 但是,出人意料的事情又发生了。这个苏丹学生刚"检讨"完自己,竟然把口水吐到了宋老师面前。

> 这次宋老师真的生气了,再次叫住了他,"你是什么意思?你怎么能对我吐口水?你是什么学生?"宋老师真的义愤填膺了。

> 这个学生的表情看上去也很意外,他开始解释。在他并不怎么好的中文与英文杂糅在一起的解释中,宋老师才渐渐舒缓了心情。

> 这个学生来自苏丹境内什鲁克部落,这个部落的人有一种特殊的文化。他们在表示道歉时,会把唾沫吐在对方跟前,因为他们认为口水可以避邪。所以,这次的口水既可以让宋老师,也可以让这个学生自己摆脱厄运。

在中国以及很多国家的文化中,在别人面前吐口水是极大的不敬。尤其是在亚洲文化里,表示道歉时,除了说"对不起"以外,还会伴随着欠身和鞠躬。而印度人却有一个特殊的道歉文化。印度人表示道歉时，会向对方使一个不幸的眼神。

作为一名对外汉语教师，由于教学对象的特殊性，在运用非语言交际时，应注意到非语言交际既是文化的载体，又是文化的组成部分，负有"文化使命"，黏连着文化色彩。不同民族的非语言交际方式可以折射出不同的文化环境、生活方式、思想观点、宗教礼仪、价值观念和思维习惯等。不同民族间文化的差异是个不争的事实，我们不能忽视文化约束力对非语言交际的影响以及文化和环境差异所赋予非语言交际的不同含义。在跨文化背景下的非语言交际是教师和学生一同展现自我和吸纳对方的共存活动，也是一种教学相长的活动，意味着生命之间的投入和能量的增强，意味着教育者和教育对象之间的彼此需要和彼此收获。对外汉语教师既要展示和传递中国文化的特色，同时也应尊重和了解不同国家非语言交际的特点，实现跨文化背景下，对外汉语教师和学生非语言交际的理解和共融。

正像宋老师说的：还有一个月，这学期的课就要结束了。本学期我觉得收获最大的就是通过这个小小的"联合国"，了解到许多不同国家的文化。通过与他们的交流、沟通和冲突，我更多地意识到了理解在对外汉语教学这种跨文化的课堂交际中的重要作用。

文化背景的多元性设定了对外汉语课堂语言交际和非语言交际的基本情境。从以上的对外汉语课堂语言交际和非语言交际的实例中，我们不难发现在跨文化交际过程中教师有教师的不解，学生有学生的困惑。在跨文化语言交际过程中，有的教师坚守于中国传统文化下的"师道尊严"，对学生按照自我国家的文化直呼教师之名、不举手就发言或回答问题，以及过于活跃的思维和异想天开的回答难以理解，并定格为是对教师地位的侵犯、对教师权威的挑战；教师由于对某国家学生曾有过的交际方式的好感或难以接受，而导致对该国所有的学生产生偏爱或偏见；有的教师当课堂上出现有关中国政治、文化等敏感问题时，并没有公正、客观地对待，而是一味地维护中国的利益，具有严重的民族中心主义倾向；有的对外汉语教师忽略了学生的文化背景，常问及一些中国人认为是关心的问题，而对外国人而言却有一种"没话找话"或是侵犯隐私的感觉；有的教师遇到问题时含糊其词，赏罚不够分明，成为"被批评"的对象；有的教师秉持着"学高为师，身正为范"的从师标准，在课堂交际中传播或教授道德理念和规范，让学生觉得太"好为人师"，难以接受。教师在跨文化语言交际中还要能够理解和猜测学生中介语的含义。同样,在跨文化非语言交际的过程中,师生间的一个手势、一个表情、一个眼神,甚至谈话的距离都可能引起意想不到的冲突,然而,这些非语言交际方式的合理运用,也可以成为师生间理解和共通的有效手段。

综上所述,对外汉语教师在跨文化交际过程中,小到称呼上的差异,大到价值观点上的冲突,小到教师或学生的一个眼神,大到教师的手势和学生的身势都可能造成文化上的不解。实际上,有关跨文化背景下对外汉语教师课堂交际的冲突和矛盾远不止这些。文化人类学家奥伯格[1](Kalvero Oberg)于1960年首次提出"文化冲击"(又称"文化休克"culture shock)概念,"文化休克"是指"由于失去了自己熟悉的社会交往信号,对于对方的社会符号不熟悉,而在心理上产生的深度焦虑感"。在跨文化交流中,"文化冲击"强弱的明显程度往往与家乡文化和东道主文化的差异大小成正比。正如本章所描述的那样,一些亚洲国家的留学生和中国的文化有很多相似之处,所以受中国文化的冲击较小,与教师课堂交际的冲突较少;而一些欧美国家和非洲国家的留学生由于与中国文化差异性较大,难免会对教师的一些语言交际和非语言交际行为难以理解,同样,教师也会对异国文化产生误解。根据"文化冲击"理论,首先,教师应清醒地意识到对外汉语课堂交际中的跨文化冲突难以避免,切不可因为跨文化冲突的发生而对某个学生或是某个国家的学生产生偏爱或偏见;其次,教师应秉持开放的心态,在传播中国文化的同时,包容不同的文化;再者,教师应为学生创造一种轻松的氛围,不可以教师的地位,用中国文化打压其他文化,使学生因为文化冲突而导致汉语学习动机的消逝,并对汉语和中国文化产生敌意。总而言之,对外汉语教师不仅需要在自己和学生之间寻求平衡点,同时还要考虑如何在多元性的学生群体中进行权衡,尽量尊重学生个人的选择和自由,实现跨文化间的理解和共通。

事实上,跨文化语言交际和非语言交际问题既是教师所面对的难题,也是教师课堂交际反思的对象。就笔者的研究对象来看,几乎没有哪个人在跨文化交际过程中是一帆风顺的。我们发现,"挫折"与"碰壁"是促进教师课堂跨文化交际能力提高的一个重要动力。

---

[1] 关世杰.跨文化交流学[M].北京:北京大学出版社,1995.

小结

本章通过课堂语言交际和非语言交际两个维度呈现了对外汉语教师和学生在课堂交际过程中,由于文化背景的不同所发生的各种冲突,以及教师对冲突的化解和对不同文化的包容。文化背景的多元性设定了对外汉语课堂交际的基本情境。从以上的跨文化背景下对外汉语教师课堂交际的实例中,小到称呼上的差异,大到价值观点上的冲突,或是教师的一个不经意的手势,以及师生间的微笑、目光交流和身体距离的变化都可能会引起误解,产生矛盾。实际上,跨文化背景下对外汉语教师课堂交际中的冲突和矛盾远不止这些。相对于其他学科的教学而言,对外汉语课堂的受众并非是单一的,不同国籍学生的文化背景亦可能存在很大差异,因此,教师不仅需要在自己和学生之间寻求平衡点,同时还要考虑如何在多元性的学生群体中进行权衡,尽量尊重学生个人的选择和自由。这既是教师所面对的难题,也是教师课堂交际反思的对象。就本研究的研究对象来看,几乎没有哪个人在跨文化交际过程中是一帆风顺的。但是,通过本章有关教师跨文化交际情境的呈现,我们可以发现,教师们在跨文化交际中的"挫折"与"碰壁"也是促进其课堂交际能力提高的一个重要动力。

第六章 专业成长：教师有效课堂交际策略

真正的哲学在于重新学会看世界。

——梅洛·庞蒂[1]

人被宣称为应当是不断探究他自身的存在物，一个在他生存的每时每刻都必须查问和审视他的生存状况的存在物。人类生活的真正价值，恰恰就存在于这种审视中，存在于这种对人类生活的批判态度中。

——卡西尔（E. Cassirer）[2]

在经济全球化的今天，中国与世界的交往越来越广泛。随着中国经济的迅速发展和国际影响力的逐步提高，汉语在全球范围内日渐升温。汉语国际教育已经是一项国家和民族的事业。在国家的大力支持下，从20世纪80年代至今，对外汉语教学的学科建设取得了令人瞩目的成绩。但是，在肯定汉语作为第二语言教学学科建设突出发展的同时，我们也要检视学科建设之不足与对外汉语教学质量的好坏，因为这些也是影响汉语国际教育的重要因素。课堂交际是对外汉语教学的基本形式和重要形式。对外汉语教师的课堂交际不仅仅是语言知识的交流和沟通，也是中国文化和世界各国文化的交流与沟通。教师课堂交际的有效性直接影响到对外汉语教学的质量和汉语国际推广。那么，如何才能实现对外汉语教师有效的课堂交际？作为一个观察者、倾听者与阅读者，在进行对外汉语教师课堂交际中存在的问题及其对教学效果影响的研究过程中，内心里也在不断地反思着这个问题。通过研究，笔者发现对外汉语教师可以通过认识自我、语言交际和非语言交际的融合、心理相容和反思自我四个策略实现有效的课堂交际。

第一节　认识自我

"我的课堂交际方式怎么样？"

"学生们喜欢和我一起参与课堂交际吗？他们怎么说？"

"我的课堂交际行为有问题吗？"

1　梅洛·庞蒂.知觉现象学（第3版）[M].姜志辉，译.北京：商务印书馆，2005.
2　卡西尔（E. Cassirer）.人论[M].甘阳，译.上海：上海译文出版社，2004.

研究对象们常常会发出这样的自问,这些是我们最熟悉又是最陌生、最困难也是最深刻的问题,也是他们希望在我这里寻找到答案的问题。就如同我们每个人都经常会问到的:"我是谁?我是别人所说的那样或者是自己所认为的那样吗?"我们如何回答这些问题既取决于我们怎样看待自己,也取决于别人怎样看待我们。古希腊德尔斐神庙的神谕中有一句非常著名的话:"人啊,认识你自己。"苏格拉底认为对人而言最重要的知识就是"认识你自己",他将这句话作为自己思想的主要部分,并要求他的学生用毕生的精力去研读。所以,对外汉语教师对自己课堂交际行为及其效果的认识,即认识自我是对外汉语教师实现有效课堂交际的基础。

宋雪娇老师说:教师要先对自我有一个清楚的认识,比如说在课堂交际的时候,我有哪些交际方式,这些交际方式的作用是积极的还是消极的。

第一,学生的反馈。课堂交际是教师和学生的互动,所以教师们认为对自我课堂交际行为的认识很重要的一个方面就是来自学生的反馈。陈丹阳老师上课提出的问题对于学生的汉语水平而言过于简单,所以出现没话说的局面,陈老师自己也觉得奇怪:"为什么我尽可能地问一些简单的问题,可学生还是没有积极性呢?";一些老师在教学的过程中经常会不断地重复一些词汇和句子,他们得到的学生反馈是"我们的老师非常好"、"很有耐心"、"老师不是唠唠叨叨,而是为了我们能够明白";刘涛老师的"不行"和"不对"极大地打击了学生学习汉语的信心,刘老师不好意思地连连说着"得改,得改!";老师们生动的体态语能够消逝学生脸上的困惑,她看到的是恍然大悟的表情和灿烂兴奋的笑容,老师们也随之露出了欣慰的笑容;李佳慧老师的学生不解地问她"老师您要去开会吗?您是学院的领导吗?",李佳慧老师才意识到自己的服饰拉大了与学生间的距离,"教师的服饰应该与学生走得更近";宋志文老师的学生把老师的背包命名为"宝物包",他们对老师的"宝物包"充满了好奇,宋老师说:"我的'宝物包'进一步提高了学生学习汉语的兴趣";当张韵老师用一个手势叫班里的日本男生到黑板上做练习时,这个男生的拒绝和解释让张老师深深地意识到对外汉语教学中跨文化交际的问题,张老师不仅立刻到图书馆借阅了有关跨文化交际的书籍,她还开始认真地观察和研究对外汉语课堂交际过程中师生间的跨文化交际问题……可见,不仅老师的交际行为深深地影响着学生的汉语学习兴趣和水平,同样,学生的反馈也深深地作用于教师的一言一行,促动着教师课堂交际行为的改进与交际能力的提高。正如陈平老师所述:

"实然"的声音
——对外汉语教师课堂交际研究

我关注的不仅仅是教学进度的快慢，更重要的是学生是否听懂了我的讲解，他们的眼神和面部表情是否还存有疑惑；他们今天有没有积极地参与课堂交际活动；为什么有的回答踊跃，有的却低头不语……

第二，同事比较。笔者经过对老师们课堂交际的研究发现，同事间的比较也是教师认识自我的有效途径。李卫东老师课堂提问的问题类型不仅具有多样性，而且大多是开放性的，是可以让学生以一定内容或词汇为基础自由发挥的问题，所以学生课堂反映积极而热烈；可是教授同样内容的王冉老师的课堂提问类型却较为单一，而且大多是趋同性的、缺乏挑战的问题，所以学生们的反映也很不积极。王丽云和宋雪娇老师一节课50分钟的体态语运用差异很大，当宋雪娇老师通过录像看到自己和王老师不同的课堂交际行为和学生参与交际情况的差异，以及笔者的统计和分析以后，宋老师感慨地说："没想到有这么大的不同。我真的要向王老师多多学习！"王丽云老师去听一位同事的课，发现这位老师"只用一只黑色的笔，写了一白板的黑字，白板配黑色的笔当然是最醒目的"。可是王老师发现语法"本来就晦涩难懂，一白板的黑字，重点反而难以突出"。其次，白板出现太多黑字，王老师"觉得太严肃，有点死气沉沉，甚至犯困"。所以，从那天开始，王老师每次上课最少要带三种颜色的白板笔：黑色、红色、蓝色。很多老师都在同事比较中受益匪浅。王冉老师听了几次李卫东老师的课。她发现并不是教师的问题越简单，学生就越愿意回答。教师应该根据学生的汉语水平，准备几种不同的问题类型，尽可能调动所有学生的积极性。而且，她发现李老师对问题的准备很充分，很多问题都是他在课前就想好的，然后把这些问题写在教案里，或者标注在书上相应的位置，完全是有备而来。而她自己的很多问题都是"临时蹦出来的"。陈丹阳老师每当教学上遇到困惑时，或者觉得自己的课很难再上得更好，教学方法已经"黔驴技穷"时，她的首选就是去听课，看看其他的老师是怎么上课的，自己能够学到什么，还有哪些不足。教师在与同事的比较中不断提高，不断进步。同时，老师们也秉持着一种开放的心态，取长补短，不断反思，积累智慧。

第三，自我感觉。交际理论认为在人们认识自我的过程中，一个很重要的因素就是自我感受（self-perception）。如果我们从成功的经历中获得自信，自我感觉会越来越好。库力（C. G. Cooley）在研究自我感觉时，提出"镜中我"的概念,他认为个体的自我感觉是通过他人的反射而形成的,"人对人都是一面镜子,照射出面对者的身影"。[1]所以,对外汉语教师的自我感觉建立于学生反馈和同事比较的基础之上。比如,有的教师感觉教学效果不好,因为"学生上课的时候没什么积极性,作业完成得也不好","师生间的互动很少,结果教学评估的成绩很不好"等等。但是,通过学生的这些反馈,老师们吸取了学生们在教学评估中的建议,在教学方法和课堂交际行为方式上有所调整,学生们在课堂上的表现会变得比较活泼,比较认真,在"尽全力地表现自己的汉语水平"。有的老师自我感觉很好,认为自己是一个优秀的教师,因为他的学生都能够积极地参与课堂交际,汉语水平进步很大,在教学评估中的成绩也是名列前茅;而反之则不然。

总之,认识自我是对外汉语教师实现有效课堂交际的基础,也是值得我们不断去追问的话题。每一个教师都是在不断成长的,在成长的过程中,我们会不断地认识自我,改进自我,找到一种自信的、成功的感觉。

第二节 语言交际与非语言交际的融汇与综合[2]

王丽云老师和宋雪娇老师教授同样的课程,同样汉语水平的学生,同样的教学内容,同样的教学时间。可是在如此多的同样之中,二者的非语言交际行为却完全不同。王老师的面部表情是和蔼可亲的、是微笑的,而且会伴随着学生参与课堂交际的情况,表现出疑惑或是赞许的表情;而宋老师的几乎没有什么面部表情的变化。王老师运用18种不同的手势语表示不同的含义,而宋老师只有7种手势语;王老师的手势语的使用频率达到189次,而宋老师只有42次。王老师说她从大学时代就开始关注教师非语言交际行为的使用,而宋老师说她没有关注过教师非语言交际的行为……

宋志文老师每课必带如同教学宝藏般的"宝物包",而有的老师每节课的必带品只有教材,最多再加上学生的作业;有的老师认为"教师教学服饰的选择,也应考虑教学内容和教学目标","服饰是教师实现良好教学效果的助推器",而有的老师却让学生在背后议论,说"老师只有一件衣服""老师的衣服有味道""老

---

1 转引自:翟学伟.中国人的脸面观:社会心理学的一项本土研究[M].台湾:桂冠图书股份有限公司,1995; C. G. Cooley. *Human Nature and the Social Order*[M]. New York: Scribner, 1902.

2 本节部分内容参考王添淼.语言交际与非语言交际的融汇与综合——国际汉语教师课堂教学策略探究[A].汉语国际传播研究[C].北京:商务印书馆,2013.

师的卫生状态不好""这就是中国的男人";有的老师"精心"地安排学生的座位排列方式,而有的老师班级里的座位排列方式却是永久性的;邓萍老师把语言教学与巧妙的副语言能力完美地结合在一起,摸索出一套行之有效的对外汉语阅读课教学方法,取得了良好的教学效果,而有的老师不仅是读课文,而且在讲课的时候,在语气、语调、声音上也没有任何变化,学生们告诉我"老师像新闻联播,可是老师慢一点"……

陈原认为:"人类进行交际活动最重要的交际工具是语言,但交际工具绝不只是语言,例如,还依靠许多非语言符号……实际上,社会交际常常混合了语言和非语言这两种工具。"[1]然而,"由于文化教育的偏见,绝大多数受过教育的人往往认为书面语最主要,口语次之。至于身势动作,是名列最后的"[2]。语言交际的重要性不言而喻,但有些对外汉语教师却忽视了非语言交际在教学过程中的重要性。经过一些对外汉语教师的实践和学生的反馈证明,非语言交际同样在对外汉语课堂中具有举足轻重的作用。但是非语言交际并不能独立起作用。在整个对外汉语教学课堂交际活动中,语言交际与非语言交际既相互依赖、相互补充,又相互独立,自始至终贯穿于整个过程,二者是一种融汇与综合的关系。正如Birdwhistell所述,语言交际体系和非语言交际体系不能单独构成交际体系,只有二者相结合并与其他感官渠道的相应系统相配合,才能形成完整的交际体系。[3]

首先,由于二者在语言本质和表现形式上的明显差别,所以各自具有独立性。非语言是一种伴随性语言符号,在交际中主要对语言起辅助作用。语言交际具有严谨的语法规则和语用规范,从最小的语言单位语素,到词、词组、句子、句群、段落乃至语篇,都是音义结合的符号系统;而非语言交际几乎没有规定的正式结构,绝大多数的非语言交际是连续的。语言交际是习得的,而非语言交际也具有习得性,长期的经验积累和思考让教师能够在适当的时候以适当的形式将其表达出来。宋志文老师在教学中常会运用丰富的非语言交际行为。

宋老师说:上课时我会运用一些不同的手势来表达不同的含义,还有一些肢体动作的表演。但一开始教学时,我也没有什么固定的非语言交际方式,就是想到哪儿了,就适当地加一点儿。但是时间长了,经过不断的积累,我

---

[1] 陈原.社会语言学[M].上海:学林出版社,1983.
[2] 莱杰·布罗斯纳安.中国和英语国家非语言交际对比[M].毕继万,译.北京:北京语言学院出版社,1991.
[3] 亚当·肯顿.行为互动——小范围相遇中的行为模式[M].张凯,译.北京:社会科学文献出版社,2001.

会用哪些非语言交际行为来辅助教学,以及学生们能够接受哪些非语言的交际行为,在我头脑中就会越来越清晰,课堂上自然地就会运用自如了。

其次,二者相互依赖、相互补充。语言是人类社会存在的必要条件,是第一位的。任何文明社会都离不开这一重要的交际工具。非语言是语言的辅助性交际手段,其存在和变化要以语言的存在为前提,二者关系密切。脱离非语言行为配合的孤立的语言行为往往难以达到有效的交际目的;另一方面,非语言行为只能在一定的语境中才能表达明确的含义,而且一种非语言行为只有与语言行为或其他非语言行为配合,才能提供明确的信息。比如上课的时候,有的学生思想不集中,眼睛瞟着窗外。老师一般不会指名批评,而是一边讲课一边用目光注视那个学生,同时加强某个词的读音或者变慢自己的语速。学生是很敏感的,他/她会立刻警觉过来,感到惭愧,集中注意力继续听课。有时留学生也会在课堂里搞小动作,老师会突然放低声音,他/她以为发生了什么事情,抬起头一接触到老师的目光就会恍然大悟,开始认真听老师讲课。……老师们正是通过语言交际与非语言交际的相互配合共同完成语言交际的目的,使非语言成为补偿语言交际中的不足所不可缺少的行为。

在对外汉语课堂交际中,语言交际体系用来传授教学知识,而非语言交际体系则承担起跟踪、考察、监控和调整的重要功能。笔者对体态语在对外汉语语音、词汇、语法教学等环节中如何应用的研究,充分证明了语言交际和非语言交际体系在对外汉语课堂交际中同时有效的使用,能够最大限度地利用相互之间的互动促进知识在师生之间的有效流动,促进教师和学生之间更多、更准确地传递信息,达到良好的教学效果。我国著名教育学者王枬认为:"教师在教学中以感情系统的表情语言、动作系统的手势语言、修饰系统的身姿语言、符号系统的板书语言和实验系统的演示语言等来丰富、充实和完善其口头语言。"[1]

第三,随着中外交流的不断深入,中国源远流长的古老文化深深吸引着来自不同国度的莘莘学子,对外汉语教学承载着向世界人民传播中国文化的重要责任。对外汉语课堂交际正是各种文化通过语言和非语言的交际不断碰撞的过程。从文化传播的整体而言,语言交际与非语言交际有巨大的相似点,它们都有丰富的文化承载性和社会时代性。语言和非语言一起建构了人类交际这一信息的积极交流过程,合成交际工具的总体。它们相辅相成,共同表达确切而完整的语义,

---

[1] 王枬.教学语言艺术——课堂教学的主旋律[M].桂林:广西师范大学出版社,1998.

共同展示社会的多层含义。另一方面,非语言交际和语言交际又有着较强的民族性、地区性和个人性等多种层次的差异特点,这些被称之为"文化个性"。很多交际行为都是代代相传和后天习得的,都是历史和文化长期积淀而成的社会共同的习惯,交际与文化密不可分。比如,由于张韵老师的手势使用不当而拒绝到黑板上写字的日本男生,宋志文老师班上出现的师生间躲闪目光的不解,与宋老师保持距离的澳大利亚女生,还有那个向老师吐口水的苏丹男生……可见,文化的载体不仅有语言,还包括非语言的举止、手势、表情。萨莫瓦认为,通过了解某一文化的非语言表现的基本模式,我们可以探寻人们的举止态度;通过非语言行为模式可以了解一种文化的价值体系;通过对非语言行为的研究可以排除狭隘的文化优越感。[1] 在对外汉语教学过程中,由于文化不同引起的非语言交际和语言交际的差异是客观存在的事实,作为对外汉语教师,我们要理智地对待这些差异,培养对不同文化模式的宽容与接受。所以,对外汉语课堂不仅是传播中国文化的重要场所,也是教师关注和了解来自不同国家留学生文化的重要渠道。虽然我们在课堂上难免会与学生发生一些文化上的冲突,但这也有利于我们对跨文化背景下交际差异现象的学习和研究,我们也可以在这个过程中去发现不同文化的共同点,使差异变成联系与贯通的契合点。

可是在我们的对外汉语教学课堂交际研究中,有关非语言交际的研究仍寥寥无几,仅有的几篇论述大多也是概述性的,把非语言交际看作是语言交际的补充。我们不否认语言是对外汉语课堂交际最重要的交际工具,非语言交际尽管不能与语言交际等量齐观,但它却以其独特的功能显示着旺盛的生命力。尤其对于对外汉语课堂教学这种来自不同文化背景的人相互之间进行交流的特殊情境,非语言交际行为和手段的作用尤为突出。事实上,非语言交际是人类最古老的一种交际方式,直到今天,它仍然高频率、高效率地服务于人类的交际活动。不同民族、不同地区、不同肤色及不同语言背景的人们都可以用非语言进行简单意思的交流。尤其是对这些外国留学生,他们很多都是第一次来中国,而且很多都是从小到大,第一次离开家,第一次出国。他们不仅要适应中国文化,更重要的是还要学好汉语,所以不仅有文化焦虑感,还有语言学习焦虑感。如果他们的老师是冷冰冰的,他们就更不敢、更没有信心学习汉语。无论是零起点的学生,还是高级水平的学生,在汉语学习中都会遇到很多难以理解的词语、句型,语言和非语言交际方式的综合运用对学生的汉语学习是非常有帮助的。

---

1 曲彦斌.副语言习俗[M].沈阳:辽宁大学出版社,1988.

总而言之，对外汉语教师们的课堂交际情境都从不同角度说明，我们要注重对外汉语交际过程中非语言交际的合理运用，从对外汉语课堂教学的应用角度对师生的非语言交际进行研究，使其有助于教师组织教学和调动学生学习的积极性，并注意观察学生的非语言交际表现，增进师生感情，提高教学效率。同时我们也应该关注非语言交际和语言交际在对外汉语课堂教学过程中如何融汇与综合的研究，注重二者的协调配合，更具体、更真切地传递所要表达的含意，实现二者的相辅相成，相得益彰。

第三节　心理相容

当邓萍老师微笑着询问她的学生"你是'与人为善'的人吗？"，学生们虽然都明白这个成语的含义，但无人作声，只有一个日本学生和一个韩国学生点了点头，表明自己是"与人为善"的人，邓老师对他们的点头露出了满意的笑容。但同时，她也对其他学生的默不作声感到惊讶。在邓老师的再次问询下，欧美的学生表示："为什么要做与人为善的人？如果是坏人，我们就不能'与人为善'。"可是，邓老师仍然教育学生："我们要做与人为善的人。要对别人友善，喜欢帮助别人。"然而，留学生的反应是："为什么喜欢帮助别人，那是他自己的事情。如果别人需要的话，我们帮助他。"

我们也经常听到这样的话："老师对 X 国人有偏见，他不喜欢我"、"老师不公平，提问的时候机会不均等"、"他为什么问我的年龄，还有我的父母是做什么的"；老师说："这个学生回答问题从不举手，而且也不站起来回答问题。""他竟然直呼我的名字，不像话！""他为什么不敢直视我，一定是心里有鬼。"……为什么留学生会对教师们有这样的质疑，而老师又会这样评价他的学生呢？

在良好师生关系的构建过程中，有一个重要的概念——"同理心"，即教师和学生在情感和态度上以诚相待，教师对学生有一种亲密的了解，教师像感觉自己一样感受学生的内心世界，师生之间相互认同、相互尊重、相互信任、相互支持，由此产生共鸣同感。同理心也可称为师生间的心理相容，它是缩短师生之间心理距离、减少矛盾与冲突的有效方法，是实现有效课堂交际的重要策略。如何实现师生间的心理相容呢？包括三个步骤：第一，教师对学生向教师所传递的看法和感受持接纳态度。第二，教师和学生应换位思考，教师站在学生的立场，设身处地从学生的角度去体验和考虑问题,也就是将心比心。第三,通过语言或非语言的形式把这种对学生设身处地的理解表达出来,让学生了解。

在对外汉语课堂交际过程中,师生的这种心理相容还包括一种文化移情(cultural empathy),既立足于本民族文化又超乎本族文化基础之上的跨文化对话和交往,旨在在本族文化和异质文化之间建立双向协调和双向建构机制。也就是说,对外汉语教师在跨文化背景下的课堂交际过程中,应自觉地转换文化立场,有意识地超越本族文化的框架模式,暂时摆脱原有文化的传统积淀和束缚,主动地、平等地与留学生的文化对话,秉着欣赏的态度感受、领悟和理解异国文化。文化移情也可以避免教师民族主义中心的倾向。不同的国家有不同的文化背景,在一些文化冲突之中,并非是学生不友善,实际上他们都很善良、很友好。只不过西方学生的思想较为独立和自主。

但是,教师在文化移情和心理相容的过程中,也要移情和相容有"度"。就像之前提到的有位教师在学期开始时,每课都听写生词。当有些汉字不好的学生向老师提出"口语课不应该考汉字"时老师停止了听写。学期末学生对老师的评价是"成绩不好的学生汉字会越来越差","成绩好的学生,没有了听写,汉字水平也降低","汉字非常重要,很难,这是我们的挑战","我们不想做只会说汉语的'文盲'"……对外汉语教师应该主动地、有意识地把握好心理相容的分寸,适当地保持尊严和运用权威形象,以免失去公平与公正的态度,让留学生觉得"老师太随便"。教师的心理相容并不意味着权威的丧失。韦伯认为,教育者具有一种感召权威,这种权威是教育者的人格魅力,是内在生长的、情感先导的、容易在自我开放中形成的,所以感召权威是更易于被教育者接受和认同的权威,是以互动沟通为主流的权威模式。所以,师生间的心理相容是教师感召权威的扩展,是人格力量的体现。

第四节 反思自我

舍恩认为教师应该成为"反思性实践者",即复杂情境中能动的问题解决者。在这里,反思被看成一种植根于教师内心的、致力于不断丰富与完善教学实践的力量,教师不再是由外在技术与原理武装的"技术熟练者",而是在实践中并通过实践不断建构和提升自身经验的"反思性实践者"。舍恩认为反思沟通了"理论"与行动之间的联系并产生"行动中的知识",它指的是实践者在专业实践活动中对活动进行反思而形成的知识,这种知识由"反思性实践"来澄清、验证和发展,并非建立在"技术理性"基础之上,它常隐含在实践者面临不确定的、独特的,且充满价值冲突的情境时,凭借行动中生成的直觉而有效解决问题的能力来实现的。

笔者的研究对象中有一些教师正是舍恩所说的"反思性实践者",这些教师在课堂交际中不断反思自我。比如,教师们反馈的有效策略和减少学生语言实践过程中错误率的方法都是在不断的反思和实践中积累起来的。同样,张韵老师有关体态语在正音课教学中的恰如其分的应用,也是在多年正音课的教学过程中,通过"实践——反思——实践"这种循环往复的过程积累起来的。

笔者在研究过程中发现教师们有以下几种反思自我的方式:

第一,撰写反思日志,记录专业发展过程中的成功与失败,通过对自己的教育观念、交际行为进行回忆和反思,努力去挖掘思想深处的成因,去追问个体思想和交际行为产生的背景,从而使反思的内容超越现象或是行为控制的局限。比如,王冉老师教学日志中有关对外汉语教师提问策略的总结,还有李佳慧老师在教学日志中记录的自己在课堂交际过程中遇到的跨文化交际方面的冲突。李老师在教学日志的最后一行写道:

马凯丽虽然误解了我,我也误解了她,但是通过进一步的沟通,让我们彼此更为了解,她更多地了解了中国的风俗习惯;我也学到了更多的异国文化。矛盾和冲突是难免的,但是有一点是肯定的,我应该更多地了解我的学生,不能以我的主观臆断代替学生的想法,更不能想当然。

李老师说:每次我翻开自己的教学日志时,这上面的一点一滴都会给我启发,既是提醒也是鞭策,有则改之,无则加勉。

教学日志的建立过程是教师对已有经验进行系统化整理的过程,是对自己成长的记录过程,也是教师对自身教育教学进行反思的过程。

第二,微格教学法。一些教师为了实现有效的课堂交际,对自己的教学过程进行了录像。比如王冉老师在发现自己课堂提问上存在问题以后,不仅翻阅了一些有关课堂提问技巧的书籍,她还对自己的课堂提问环节进行录像,不仅自己反复观看,还与几个同事一起分析。在这个过程中,王老师用新的视角去审视自己、审视学生。同时,在与同事的交流中,同事们也帮王老师发现不足,提出改进的办法。通过相互的交流与借鉴,不仅王老师自己有所提高,同事们也通过观看她的教学录像,取长补短。

第三,行动研究法。《国际教育大百科全书》将行动研究定义为"为提高对所从事的社会或教育实践的理性认识,为加深对实践活动及其依赖的背景的理解,由社会情境(教育情境)的参与者进行的反思性研究"。行动研究强调的是教师在教学过程中对自身教学行为进行即时的监控与调节,并对教学中出现的问题进行即时的研究、即时地解决问题,是一种以实践的改进作为关注焦点的研究模式。它将行动与研究这两个领域的知识与经验结合在一起,极大地肯定了教师的研究本领与社会价值,激发了教师的反思热情。宋雪娇老师对体态语在语法教学中的运用进行了行动研究,并对比自己语法教学过程中体态语的运用对教学效果产生的影响进行了分析,这将有利于语法教学的体态语方式在接下来的教学中再次运用,形成了一个不断发现问题——分析问题——解决问题——实践检验——再发现问题的良性循环过程。这种行动研究的方法也帮助教师们从原来的压抑性的和常规性的行为中解放出来,让教师以一种深思熟虑、目的明确的方式去行动、去改进和提高。

第四,叙事研究法。教育叙事研究,是借助教育叙事的方法,研究教师的教育生活与发生在教育世界中的事情。而教育叙事,简单地说,就是教师讲述有关自己或教育教学的故事。它的意义来自一般叙事的具体化。在笔者的研究过程中,教师不仅有口头叙事,还有教学日志里的书面叙事。而教师的这种叙事研究不仅是对个人经历和孤立经验的故事的反思,有时也是对社会大背景下整个教育的反思。陈平老师在讲述完自己有关服饰的故事以后,又进一步提到了他对教师服饰的一些看法:

> 对外汉语教师的服饰应该以贴近学生、有利于课堂交际为出发点。可是,不仅是对外汉语教师的服饰,中国很多教师的服饰都不应该停留于以前的树立教师威严的功能上。事实上,所有的课堂都是需要师生的互动与沟通的,教师都不应该以一种权威或是唯我独尊的形象出现,而应成为课堂的引导者、促进者和监督者。

合理的叙事研究会使教师把自己个人的经历和体验与社会生活联系起来,在社会政治、经济与文化的大背景下反省自己的生活、工作与学习,从而走上更宽广的反思道路。

第五，教师专业共同体的建立。教师专业共同体是建立在教师专业化浪潮的基础之上，以学校为基地，以教育实践为载体，以共同学习、研讨为形式，在团体情境中通过相互沟通与交流最终实现整体成长的提高性组织。这种组织一般以学校为单位，是在学校的日常教学活动中形成的；也有的是校际或区域间的职业联合体，比如王丽云老师和几个教师所成立的有关体态语在对外汉语教学不同环节中应用的研究小组。对外汉语教师每时每刻都要和学生接触，会产生各种各样的教学经验，也会遇到许许多多的教学困境，如何应付不同的教学困境，帮助学生取得进步，不同的教师在教学观、学生观以及处事方式上都会存在差异。教师专业共同体这座桥梁可以使教师内心深处和潜意识中的知识和经验转化为显性知识，得到确认、整理并系统化，通过与其他教师共同分享和相互促进，进一步提高在课堂交际中的反思和教师的协作能力。

小结

对外汉语教学的目标是培养学生运用汉语进行交际的能力。课堂是教师与学生互动的交际场所。对外汉语教师可以运用四种策略实现有效的课堂交际，提高学生课堂交际的积极性。首先，教师要认识自我，即了解自己课堂交际的行为有哪些，哪些交际行为对课堂教学质量具有积极的影响，哪些交际行为对课堂教学质量的影响是消极的。而这些认识要源于课堂交际中的另一方——学生的反馈，还有同事间课堂交际行为和教学效果的比较，以及建立在学生反馈和同事比较基础之上的自我感觉。其次，对外汉语教师在课堂交际过程中要注意语言交际和非语言交际的融汇与综合，语言交际是课堂交际的主要方式，但教师也不可忽视非语言交际的辅助作用，二者既相互独立，又相互依存。第三，教师应了解学生和理解学生，实现双方的心理相容，建立良好的师生关系，使感召权威成为教师权威的主流模式。第四，教师应在课堂交际过程中不断地反思自我。教师可以采取撰写反思日志、微格教学法、行动研究法、叙事研究法和建立专业发展共同体等多种方式在课堂交际中发现问题、分析问题、解决问题，在"实践——反思——实践"的循环模式中实现有效的课堂交际。

结 语

本书以交往行为理论、建构主义理论和跨文化交际理论为基础，运用课堂观察和深度访谈等质的研究手段，从对外汉语教师课堂交际的方式、存在的问题和对教学的影响，以及实现对外汉语教师有效课堂交际的策略等方面对对外汉语教师课堂交际进行了较为全面的考察和分析，揭示了对外汉语教师课堂交际的内涵和基本特征。对外汉语教师课堂交际是教师在课堂交际过程中面临不断变化的交际情境和学生的不同需求，对自己的交际方式不断进行相应的调节，以提高学生汉语表达能力为目标的信息分享和传递思想、感情的语言交际、非语言交际和跨文化交际互相交织、互为支持的交际过程。这种有效的对外汉语教师课堂交际是提高教师课堂管理能力和课堂教学效益，以及促进教师专业发展的有效途径。它具有情境性、不确定性、反思性和长期性等特征。

对外汉语教师的课堂交际方式包括语言交际、非语言交际和跨文化交际。这三种交际方式互相交织、互为支持。教师为了实现有效的课堂交际，教师的语言交际和非语言交际应是融汇与综合的关系，同时由于对外汉语教学对象的特殊性，整个对外汉语课堂交际都在一种跨文化交际的背景中进行着，师生间跨文化交际的冲突、理解和共通贯穿于教师课堂语言交际和非语言交际之中。对外汉语教师在语言交际、非语言交际和跨文化交际中存在着各种各样的问题，这些问题直接影响到对外汉语教学质量。就教师的语言交际而言，对外汉语教师的语言交际主要包括教师的提问语、调适语、引导语和评价语。其中，提问语中问题类型的设置，问题难易度的把握，问答方式的单调与多样，提问后候答时间的有无、长短，教师一堂课和一次性提问的多少，学生回答问题的机会是否均等，教师是否在课前对提问有所准备等方面，都会影响到学生回答问题的积极性和准确性；对外汉语教师在课堂交际中运用的与日常语言表达截然不同的、便于留学生理解和接受的调适语对课堂交际的有效性和教学效果也同样具有非常重要的影响；还有，教师运用"倾听式"和"权威式"的引导语，对学生循循善诱的引导，极大地提高了学生课堂交际的参与性；同时，教师还应对学生参与交际的情况进行及时的评价，教师的评价语对学生课堂交际的参与情况具有两种完全不同的效果，一种是消极的评价，让学生变得"不愿"或"不敢"参与课堂交际，另一种则是

结　语

积极的评价，让学生"勇于"并"争先恐后"地投入到师生的课堂交际互动之中。在非语言交际过程中，教师体态语运用的频率、种类，教师非语词声音信号的使用，服饰的选择，随身用品的携带，空间信息的有效创设等都对教师的语言交际具有影响作用，恰当地运用会增强学生对教师语言、讲解和中国文化的理解。非语言交际方式是语言交际的助推器，同样会对课堂交际产生影响，并直接影响教学质量。对外汉语教师在多元文化背景下的语言交际和非语言交际过程都存在着师生间跨文化交际的冲突、理解和共融。在探讨对外汉语教师课堂交际的方式、存在的问题及其对教学的影响的同时，我们发现每位教师都会在课堂交际中有过碰壁，有过不解和困惑，但是教师们凭着对教学的热爱和追求专业发展的强烈意识，不断地认识自我，加强语言交际与非语言交际的融汇与综合，在心理上去理解和包容学生，并通过反思自我等策略实现了有效的课堂交际，自我交际能力、课堂管理能力和教学质量不断提高，从而促进了专业发展和自身成长。

本书虽然对对外汉语教师课堂交际进行了细致、深入的探索，获得了一些有价值的发现，但是由于研究问题本身的复杂以及笔者时间和精力有限，研究中仍存在一些问题，值得进一步思考：

第一，对外汉语教师课堂交际研究的理论支撑挖掘得不够全面、深入，需要在今后的研究中予以弥补。

第二，由于对外汉语课堂交际具有很强的情境性、复杂性和不确定性，所以本书选取研究对象的数量仍然偏少，所呈现出的教师课堂交际方式和存在的问题以及跨文化交际中的问题仍不够全面，如能选取更多的教师和投入更长的时间进行案例的观察和访谈，将获取更为丰富和全面的对外汉语教师课堂交际材料，对对外汉语教师课堂交际这一现象的探讨也会更为深入和彻底。

第三，有关学生对教师课堂交际方式的反馈有时难免失于宽泛和不够细致。现实课堂交际中的每个学生都是独特的交际个体，但本研究受研究视角与研究目的所限，不可能关注到每一个"交际个体"，只能着眼于某些具有共性的"交际行为"。

第四，本书提出了实现教师有效课堂交际的策略，但对其中部分策略的可操作性缺少进一步的实证支持。且由于研究对象数量所限，有效教师课堂交际策略应远不止于此，更多内容有待继续发现。

总而言之，对外汉语教师课堂交际是一个值得深入研究的重要课题。"走近"并"走进"对外汉语教师课堂交际研究，不仅是提高对外汉语教学质量和促进教师专业发展的需求，也是促使教学理论与教学实践研究相契合的重要途径之一。

著者有关对外汉语教师课堂交际的研究只是一个开始，对研究前景充满期待，希望自己以及他人能够在未来继续踏足于对外汉语教师的课堂交际之中，以新的意涵展开新的叙说。这恰如歌德在《浮士德》中的一段诗句：

……而我新的冲动又继续以起，
我要赶去吞饮永恒的光辉，
白昼在我前面，黑夜在我后背，
青天在我上面，大海在我下边。

参考文献

阿伦·皮斯［澳］著，汪福祥编译（1998）《奥妙的人体语言》，北京：中国青年出版社。

艾四林（1995）哈贝马斯论"生活世界"，《求是学刊》第5期。

爱德华·T·霍尔［美］著，刘建荣译（1991）《无声的语言》，上海：上海人民出版社。

毕继万（1999）《跨文化非语言交际》，北京：外语教学与研究出版社。

卜觉非（1997）21世纪：时代对对外汉语教师的素质提出更高的要求，《语言文字应用》增刊。

蔡文辉（1982）《行动理论的奠基者——派深思》，台北：允晨文化实业股份有限公司。

陈录生、马剑侠（2005）《新编心理学》，北京：北京师范大学出版社。

陈向明（1999）什么是"行动研究"，《教育研究与实验》第2期。

陈向明（2000）《质的研究方法与社会科学研究》，北京：教育科学出版社。

陈向明（2001a）《教师如何做质的研究》，北京：教育科学出版社。

陈向明（2001b）文化主位的限度与研究结果的"真实"，《社会学研究》第2期。

陈向明（2008）从"范式"的视角看质的研究之定位，《教育研究》第5期。

陈学明等编（1998）《通向理解之路：哈贝马斯论交往》，昆明：云南人民出版社。

陈　原（1983）《社会语言学》，上海：学林出版社。

崔永华（1990）语言课的课堂教学意识略说，《世界汉语教学》第3期。

崔永华、杨寄洲主编（1997）《对外汉语课堂教学技巧》，北京：北京语言大学出版社。

达尔文著，余人等译（1999）《人与动物的表情》，成都：四川人民出版社。

邓恩铭（1997）谈教师培训的课程设置，载刘珣主编，《对外汉语教学概论》，北京：北京语言大学出版社。

丁　煌（1997）《交际信息学》，武汉：华中理工大学出版社。

法思特·朱利著，陈钰鹏编译（1988）《人体语言》，上海：上海文化出版社。

法斯特著，孟小平译（1988）《体态与交际》，北京：北京语言学院出版社。

冯　钢（2001）责任伦理与信念伦理：韦伯伦理思想中的康德主义，《社会学研究》第4期。

傅惠钧（1999）《教师口语艺术》，杭州：浙江教育出版社。

高凌飚、赵宁宁、梁春芳（2003）课堂教学交往的观察研究，《教育科学研究》第6期。

格尔茨著，纳日碧力戈等译（1999）《文化的解释》，上海：上海人民出版社。

关世杰（1995）《跨文化交流学》，北京：北京大学出版社。

郭启明、赵森林（1998）《教师语言艺术（修订本）》，北京：语文出版社。

国家汉语国际推广领导小组办公室编（2007）《国际汉语教师标准》，北京：外语教学与研究出版社。

国家教委师范司编（1997）《教师口语》，北京：北京师范大学出版社。

哈贝马斯（1988）《后形而上学思想：哲学文集》，法兰克福：美因。

哈贝马斯著，蔡汉侠审译（1989）《哈贝马斯的沟通伦理学》，台北：结构群。

哈贝马斯（1989）《关于交往行动理论的预备性研究和补充材料》，法兰克福：美因。

贺雄飞（1996）《世界教育艺术大观》，呼和浩特：远方出版社。

侯钧生（1995）"价值关联"与"价值中立"——评M·韦伯社会学的价值思想，《社会学研究》第3期。

胡文仲（2007）《跨文化交际学概论》，北京：外语教学与研究出版社。

胡文仲、高一虹（1997）《外语教学与文化》，长沙：湖南教育出版社。

黄　宏（2002）浅议对外汉语公派出国教师的跨文化交际问题及其对策，《海外华文教育》第1期。

黄晓颖（2004a）对外汉语教学的备课艺术，《汉语学习》第3期。

黄晓颖（2004b）对外汉语教学的提问艺术，《中国教育科学》第12期。

加达默尔著，夏镇平、宋健平译（1994）《哲学解释学》，上海：上海译文出版社。

贾玉新（1997）《跨文化交际学》，上海：上海外语教育出版社。

江家齐编著（1993）《教师的新形象》，广州：广东教育出版社。

蒋同林、崔达送（2001）《教师语言纲要》，北京：华语教学出版社。

金传宝（1997）美国关于教师提问技巧的研究综述，《课程·教材·教法》第2期。

金生鈜（1997）《理解与教育——走向哲学解释学的教育哲学导论》，北京：教育科学出版社。

克特.W.巴克［美］著,南开大学社会学系译（1984）《社会心理学》,天津：南开大学出版社。

柯　廉等编著（1990）《公共关系与人体语言》,北京：中国广播电视出版社。

柯伦著,周南照译（1985）教学的美学,《教育研究》第3期。

拉里·A·萨姆瓦［美］等著,陈南等译（1988）《跨文化传通》,上海：三联书店。

莱杰·布罗斯纳安著,毕继万译（1991）《中国和英语国家非语言交际对比》,北京：北京语言学院出版社。

李南海（2007）赋予行动以意义：韦伯与舒茨行动理论的比较研究,《经济与社会发展》第3期。

李　泉（1996）对外汉语课堂教学的理论思考,《中国人民大学学报》第5期。

李　泉（2005）《对外汉语教学理论思考》,北京：教育科学出版社。

李　泉（2012）国际汉语教师的角色认知,第十一届国际汉语教学研讨会参会论文,西安：8月16-17日。

李晓琪（2010）新形势下的汉语师资培养研究,《第九届国际汉语教学讨论会论文选》,北京：高等教育出版社。

李月松（1990）语言教学中的提问技巧初探,《外语教学》第4期。

林大津（1996）《跨文化交际研究》,厦门：福建人民出版社。

刘东风（2005）《来华留学生跨文化人际交往研究——十八位在华留学生的个案分析》,北京大学博士学位论文。

刘铁芳（1999）沉重的书包与教的权力,《清华大学教育研究》第4期。

刘晓雨（2000）提问在对外汉语课堂教学中的运用,《世界汉语教学》第1期。

刘　珣（2000）《对外汉语教育学引论》,北京：北京语言大学出版社。

卢晖临、李雪（2007）如何走出个案——从个案研究到扩展个案研究,《中国社会科学》第1期。

陆俭明（2005）汉语教员应有的意识,《世界汉语教学》第1期。

路海东（2000）《学校教育心理学》,长春：东北师范大学出版社。

吕必松（1987）《对外汉语教学探索》,北京：华语教学出版社。

吕必松（1989）关于对外汉语教师业务素质的几个问题,《世界汉语教学》第1期。

吕叔湘（1991）关键在于一个"活"字,《课程·教材·教法》第10期。

洛雷塔·A·马兰德罗、拉里·巴克［美］著,孟小平等译（1991）《非言语交流》,北京：北京语言学院出版社。

马维娜(2003)《局外生存——相遇在学校场域》,北京:北京师范大学出版社。

欧文斯[美]著,窦卫霖等译(2001)《教育组织行为学(第7版)》,上海:华东师范大学出版社。

彭利贞(1999)试论对外汉语教学语言,《北京大学学报》第6期。

全国十三所高校《社会心理学》编写组(1990)《社会心理学》,天津:南开大学出版社。

曲彦斌(1988)《副语言习俗》,大连:辽宁大学出版社。

荣静娴(2000)《微格教学与微格教研》,上海:华东师范大学出版社。

桑德拉·黑贝尔斯[美]等著,李亚昆译(2002)《有效沟通(第五版)》,北京:华夏出版社。

施良方(1999)《教学理论:课堂教学的原理、策略与研究》,上海:华东师范大学出版社。

舒茨(1991)《社会世界的现象学》,台北:桂冠图书有限公司。

苏霍姆林斯基[苏]著,肖勇译(1983)《教育的艺术》,长沙:湖南教育出版社。

苏霍姆林斯基[苏]著,赵玮等译(1983)《和青年校长的谈话》,上海:上海教育出版社。

孙德坤(2008)教师认知研究与教师发展,《世界汉语教学》第1期。

孙德坤(2010)"我会摸索出一条合适的路子"——一位中国汉语教师探索经历的叙事研究,《第九届国际汉语教学讨论会论文选》,北京:高等教育出版社。

孙立峰(2012)从海外汉语教学看汉语国际教育硕士的培养,《学术论坛》第1期。

孙雁雁(2004)体态语在对外汉语教学中的意义及运用,《语言教学与研究》第2期。

谭晓云(2005)从有疑而问到无疑而问——课堂提问的言语行为分析,《修辞学习》第2期。

唐树之(1996)《教师口语技能》,长沙:湖南师范大学出版社。

特纳[英]著,马海良等译(2000)《身体与社会》,沈阳:春风文艺出版社。

王枬(1998)《教学语言艺术——课堂教学的主旋律》,桂林:广西师范大学出版社。

王枬等著(2008)《教师印迹:课堂教学的叙事研究》,北京:教育科学出版社。

王添淼(2009)教育行动研究的认识论问题——由"局内人"视角引出的讨论,《教育研究与实验》第5期。

王添淼（2010a）成为反思性实践者——由《国际汉语教师标准》引发的思考，《语言教学与研究》第2期。

王添淼（2010b）对外汉语教学中教师体态语的运用，《汉语学习》第6期。

王添淼（2011）文化定势与文化传播——国际汉语教师的认知困境，《中国文化研究》第3期。

王添淼（2013）语言交际与非语言交际的融汇与综合——国际汉语教师课堂教学策略探究，《汉语国际传播研究》第2期。

王添淼（2014）跨文化交往中的意义拒斥——国际汉语教师课堂评价语探析，《国际汉语教育》第2期。

王钟华（1999）初级阶段汉语教学四题，《语言教学与研究》第3期。

温秀杰（2002）《课堂教学中的非语言交际研究》，南京：南京师范大学出版社。

沃尔特·李普曼［美］著，林珊译（1989）《舆论学》，北京：华夏出版社。

吴康宁（2000）《课堂教学社会学》，南京：南京师范大学出版社。

吴延迪（1994）《英国风情录》，北京：知识出版社。

吴也显（1991）《教学论新编》，北京：教育科学出版社。

吴勇毅（2012）孔子学院与国际汉语教育的公共外交价值，《新疆师范大学学报（哲学社会科学版）》第4期。

伍蠡甫、胡经之（1987）《西方文艺理论名著选编》下卷，北京：北京大学出版社。

夏正江（1997）对话人生与教育，《华东师范大学学报（教育科学版）》第4期。

雅斯贝尔斯［德］著，邹进译（1991）《什么是教育》，上海：三联书店。

亚当·肯顿［英］著，张凯译（2001）《行为互动——小范围相遇中的行为模式》，北京：社会科学文献出版社。

闫承利编著（2000）《素质教育课堂优化策略》，北京：教育科学出版社。

杨明森（1989）《教师美学》，北京：职工教育出版社。

杨　平（1994）非语言交际述评，《外语教学与研究》第3期。

袁　方（2003）英语教学中的提问模式探讨，《现代中小学教育》第10期。

张东娇（2003）《教育沟通论》，太原：山西教育出版社。

张　园（2002）手势在语音教学中的作用，《语言教学与研究》第6期。

章国锋（2001）《关于一个公正世界的"乌托邦"构想：解读哈贝马斯〈交往行为理论〉》，济南：山东人民出版社。

赵金铭（2007）汉语作为外语教学能力标准试说，《语言教学与研究》第2期。

赵启正（2011）《公共外交与跨文化交流》，北京：中国人民大学出版社。

庄恩平（1993）《走出误区——中美交际文化差异实例分析》，北京：世界图书出版公司。

庄锦英、李振村（1993）《教师体态语言艺术》，济南：山东教育出版社。

Michael J. Dunkin（1987）主编，教育与科普研究所编译（1989）《培格曼最新国际教师百科全书》，北京：学苑出版社。

Allen, P., Frolich, M.&Spada, N.1984. *The Communicative Orientation of Language Teaching: An Observation Scheme*. In Handscombe, J., R. Orem, and B. Taylor (eds). On TESOG'83: The Question of Control. on D.C.: TESOL.

Argyle, M. 1988. *Intercultural communication*. In Samovar & Porter (eds.) Intercultural Communication: A Reader, 5st edn. Wadsworth Publishing Co.

Banbrook, L.& Skehan, P. 1989. *Classroom and Display Questions*. In C. Brumfit and R. Mitchel (eds.), Research in the Language Classroom. London: Modern English Publications in Association with The British Council.

Cooper, P.J. 1988: *Speech Communication for the Classroom Teacher*, Scottsdale, Arizona: Gorsuch Scarisbrick Publisher.

Ellis, R. 1984. *Classroom Second Language Development*, Oxford: Pergamon Press.

Gall, J., Gall, M. & Borg, W. 2004. *Applying Educational Research: A Practical Guide (5th ed.)*, Allyn & Bacon.

Hanh, T. N. 1988. *The Sun My Heart*, Berkeley, CA: Parallax Press.

Kimmel, A. J. 1988. *Ethics and Values in Applied Social Research,* Newbury Park, CA: Sage.

Knapp, M. L. 1978. *Nonverbal Communication in Human Interaction*, New York: Holt, Rinehart and Winston.

Krashen.S.D. 1985.*The Input Hypothesis: Issues and Implications*, New York: Longman.

Lozanov, G. 1979. *Suggestology and Outlines of Suggestopedy* , New York: Gordon and Breach, Science Publishers.

Malando, L. & Barker, L. 1989. *Nonverbal Communication*, New York: Random House.

McLuhan, M.1964. *Understanding Media: The Extensions of Man*, New York: New American Library.

Merriam, S. B. 1998. *Qualitative Research and Case Study Applications in Education*, San Francisco: Jossey-Bass Publishers.

Miles, M. B. & Huberman, A. M. 1984. *Qualitative Data Analysis: A Sourcebook of New Methods*, California: SAGE Publications.

Morris, D.1977. *Manwatching : A Field Guide to Human Behaviour*, New York:Harry N.Abrams, Inc. Publishers.

Porter, R. 1972. *An Overview of Intercultural Communication*. In Samovar & Porter (eds.) Intercultural Communication: A Reader, 1st edn. Wadsworth Publishing Co.

Richards, J. C. & Lockhart, C.1996. *Reflective Teaching in Second Language Classrooms*, Cambridge University Press.

Samovar, L. & Porter, R. (eds.) 1988. *Intercultural Communication: A Reader* . 5th edn.

Singer, M. 1995. *Intercultural Communication: A Perceptual Approach*, Pentice-Hall.

Valenzeno, L., Alibali, M. W. & Klatzkya, R. 2003.*Teachers' Gestures Facilitate Students Learning: A Lesson in Symmetry*. Contemporary Educational Psychology.

Weiner, B.1992. *Human Motivation: Metaphors, Theories and Research*, Newbury Park, CA: Sage.

Weiner, B.1994. *Integrating Social and Personal Theories of Achievement Striving*. Review of Educational Research.

Woronov, N. & Chi Yun Fang. 1986. *Modern American English: Living and Learning in the West*, Shanghai Foreign Language Education Press.

后　记

多年的海内外汉语教学实践，让我对课堂教学特别是课堂交际产生了浓厚的兴趣，我不断反思自己的课堂，也观摩和学习海内外同行的课堂。我深感这种跨文化的课堂教学充满着多种交际情境，充满着各种期待，充满着各样悬念，既充满了无尽的乐趣，也偶有这样那样的遗憾。气氛热烈的课堂，交流不畅的课堂；行云流水般的课堂，味同嚼蜡的课堂。这其中师生、生生之间的交际占据了课堂的绝大部分时光，交际构成了课堂的主旋律——导入课文，学习生词，讲解语言点，学习课文；学生提问、教师解答；学生回答，教师点评；小组合作，同学辩论；师生互动，交流看法；教师说话的语态、语速、表情、手势，学生的洋腔洋调，尖锐的质疑，意想不到的见解，"可笑"的语言表达，等等，这一切都构成了斑斓绚丽的课堂生活。

本书从语言交际、非语言交际和跨文化交际三个方面对教师的课堂交际进行了较为系统的研究，该研究有幸申请并获得了全国教育科学"十一五"规划教育部青年基金课题"国际汉语教师专业发展研究"项目的资助。为此，我广泛查阅资料，学习相关的理论和知识，与此同时对课堂教学进行较长期的观察、思考与访谈，积累了大量相关的材料。在此，我特别感谢给予我支持和帮助的相关院校的对外汉语教师和各国留学生；也非常感谢教育学界和对外汉语教学界的许多专家学者给予我的关心、帮助与指导，使我开阔了视野，开拓了思路。

我要感谢北京大学对外汉语教育学院的领导和同事们，学院就像一个温暖的大家庭，同事之间关系融洽，学术气氛浓厚。每当我遇到问题向他们请教时，他们都会热情地给我一个满意的答案，常常使我豁然开朗。本书得以顺利出版，我还要特别感谢北京语言大学出版社总编辑张健女士的大力支持，感谢纪成编辑对文稿的审校和精细修改。本书在写作过程中借鉴和引用了许多海内外专家学者的研究成果，一并致以诚挚的感谢。当然，我也要借此感谢家人无条件的理解和全面的支持，我能有点滴的进步都是他们期待的结果。书中疏漏、错误及不妥之处在所难免，恭请批评指正。

王添淼